Weeber
Von Achillesfersen und Trojanern

Karl-Wilhelm Weeber

Von Achillesfersen und Trojanern

Wie die Antike im Deutschen fortlebt

Philipp Reclam jun. Stuttgart

Satz und Druck: Reclam, Ditzingen
Buchbinderische Verarbeitung: Kösel, Krugzell
Printed in Germany 2012

ISBN 978-3-15-010883-3

www.reclam.de

Inhalt

Einleitung

Ob wir ein Amulett tragen oder eine Anekdote erzählen, uns becircen lassen oder uns an lukullischen Genüssen erfreuen, stets ist die Antike sprachlich mit dabei. Ebenso dann, wenn auf dem modernen Medium der Mailbox der alte Rubikon überschritten wird, die Fußball-Nationalmannschaft einen Triumph feiert oder das Baby mit Penatencreme eingerieben wird. Griechen und Römer haben unserer – und nicht nur unserer – Sprache einen reichen Kulturwortschatz hinterlassen, der zum einen anschauliche Bilder, bildhafte Einzelwörter und Redewendungen umfasst. Zum anderen gehört zu unserem antiken Spracherbe eine Vielzahl von Begriffen der Alltagswelt, von denen sich manch einer inhaltlich weiterentwickelt hat. So verstehen wir unter einem »Tyrannen« etwas anderes als die Griechen, und auch der »Diktator« hat sich gegenüber dem römischen Verständnis nicht gerade zu seinem Vorteil entwickelt.

Anliegen dieses Buches ist es, die Ursprünge dieser Bilder und Begriffe aufzuzeigen und knapp zu erläutern. Wenn deutlich wird, wie viel Altertum noch in unserer Sprache und Vorstellungswelt weiterlebt, wie intensiv die Mythologie und die Geschichte, die Politik und die Literatur der Griechen und Römer uns in unserem sprachlichen Alltag begleiten, dann kommt damit vielleicht auch jenes gesamteuropäische Fundament stärker zum Vorschein, für dessen Bewahrung und Bewusstmachung nicht nur Altphilologen eintreten. Wer indes diesen Band auch als Plädoyer für die Aktualität und Bedeutung des Lateinischen und Griechischen als Schulsprachen empfindet, als Einladung gar zu einer durchaus erlebnisreichen, ja spannenden Reise in die Antike als Erkundungstour auch der eigenen Vergangenheit, dem wird der Verfasser kein energisches Veto mit Stentorstimme entgegenschleudern. Er bietet sich eher als Mentor auf diesem kultur- und sprachgeschichtlichen Spaziergang an.

Ohne gleich in wüste Kassandrarufe auszubrechen, darf man darauf hinweisen, dass unser kulturelles Gedächtnis seit einiger Zeit dabei ist, einen nicht unerheblichen Teil des überkommenen Kulturwortschatzes zu verdrängen oder zu vergessen. Dieser Entwicklung möchten wir nicht mit stoischer Gelassenheit zuschauen, sondern unsere lexikalischen Dienste jedem anbieten, der an der einschlägigen Achillesferse laboriert. Ist das nicht ein etwas schiefes sprachliches Bild? Gewiss – aber nicht so schlimm wie das, was neuerdings mit dem armen »Trojaner« geschieht. Der wird nämlich regelmäßig falsch gebraucht. Pate gestanden hat offenbar das berühmte Trojanische Pferd. Das war ein Danaergeschenk, das dem Beschenkten Schaden brachte – eine List der Griechen, mit deren Hilfe sie in das lange vergeblich belagerte Troja eindringen konnten. Der Computer-Späher ist also in Wirklichkeit nicht der Trojaner, sondern der Grieche. Mit dem falsch verwendeten »Trojaner« wird der Betrogene zum Betrüger gestempelt.

Wir wollen nicht behaupten, dass es da einen ganzen Augiasstall an mangelnder klassischer Bildung auszumisten gäbe. Aber ein paar Irrtümer und Fehldeutungen haben sich in den großen Fundus des Kulturwortschatzes mittlerweile schon eingeschlichen. Wer ihn als verwirrendes Labyrinth empfindet, dem diene dieses Büchlein als Ariadnefaden.

Die Auswahl der erläuterten Begriffe ist nicht frei von subjektiven Entscheidungen. Wer sie mit Argusaugen prüft, wird hier und da gewiss Lücken und Inkonsequenzen entdecken, aber darob hoffentlich weder in Homerisches Gelächter ausbrechen noch mit einer Philippika gegen den Autor darauf reagieren. Oder gar, siehe »Trojaner«, den Äsculapstab über ihn brechen.

Antiker Kulturwortschatz

Achillesferse

Die *Achillesferse* ist ein wunder Punkt, eine verletzbare Stelle. Obwohl die Metapher erst im 19. Jh. ins Deutsche gelangt ist, erfreut sie sich großer Beliebtheit. Zugrunde liegt die Geschichte vom unverletzlichen griechischen Helden Achill. Um ihren menschlichen Sohn unangreifbar zu machen, tauchte die Göttin Thetis ihn in seiner Jugend in das Wasser des Unterweltflusses Styx. Dabei musste sie ihn festhalten – und die Stelle seines Körpers, an der sie ihn hielt, wurde als einzige vom immunisierenden Wasser nicht benetzt: die Ferse. Eben dorthin lenkte Apollo den Pfeil des Trojaners Paris. Er brachte Achill den Tod – und der Welt das Bild von der verletzlichen Achillesferse. Der mythologisch wunde Punkt ist selbst in Medizinerkreisen kein unbeschriebenes anatomisches Blatt: Als Achillessehne bezeichnen sie den Strang der Wadenmuskulatur, der am Fersenbein ansetzt. Er ist für Verletzungen anfällig – auch aus medizinischer Sicht eine Achillesferse.

Adonis

Auch wenn der Begriff wohl meist spöttisch in verneinendem Kontext verwendet wird, dass jemand *kein Adonis* sei, ist er als Chiffre für männliche Schönheit geläufig. Als solche wird er z. B. ernsthaft verwendet, wenn sich ein Fitness-Studio »Adonis« nennt. Der mythische Adonis entsprang einer inzestuösen Verbindung zwischen Myrrhe und ihrem Vater Kinyras, einem zypriotischen König. Er wuchs zu solch göttlicher Schönheit heran, dass sich Aphrodite in ihn verliebte. Zum Leidwesen des eifersüchtigen Ares, der einen wilden Eber schickte – bzw. sich selbst als solchen tarnte – und den schönen Jäger im Kampf mit dem wütenden Tier tödlich verwunden ließ. Aus dem Blut des Sterbenden entsprossen Adonisröschen, besser unter dem Namen »Anemonen« bekannt. Ihr kurzes Leben indes erinnert an den frühen Tod des schönen Jünglings – sie verwehen so schnell wie der Wind, der sich im Namen »Anemone« verbirgt (gr. *ánemos* ›Wind‹).

Adonis aber lebte als Vegetationsgott fort. Aphrodite erreichte es, dass ihr Geliebter jedes Jahr für sechs Monate auf die Erde zurückkehren durfte und zum Namensgeber eines Kultes aufstieg, in dessen Zentrum die jährlich sterbende und wieder auflebende Vegetation stand. Wahre Schönheit, diese Botschaft geht vom kombinierten Trauer- und Freudenfest zu Ehren des Adonis aus, ist eben unvergänglich.

Ägide

Wenn man im Rückblick feststellt, etwas habe sich unter der *Ägide* des XY ereignet oder entwickelt, so darf der Betroffene das in der Regel als respektvolle Metapher für seine ›Leitung‹ oder ›Schirmherrschaft‹ auffassen. Noch positiver wirkt der Ausdruck vor seinem mythologischen Hintergrund. Inhaber der *aigís* war nämlich ursprünglich der Göttervater Zeus. Für ihn hatte der Schmiedegott Hephaist einen aus Ziegenleder (gr. *aix* ›Ziege‹) gefertigten, mit einem Gorgonenhaupt geschmückten Schild gefertigt, von dem gleichermaßen besonderer Schutz und Schrecken ausgingen. Bei Homer ist Zeus als »Aigis-Träger« stets präsent. Der Göttervater verlieh seine Aigis indes recht großzügig, u. a. an Apollo und Ares, vor allem aber an seine Tochter Athene. Mit der wehrhaften Schutzgöttin Athens verbindet sich die Aigis in klassischer Zeit hauptsächlich, so dass es nicht nur politisch, sondern auch mythologisch korrekt ist, von der Ägide auch einer Frau zu sprechen.

Ära

Hätte man Cicero oder Caesar auf die *Ära* etwa der römischen Könige, die Ära der Gracchen oder die Ära der Punischen Kriege angesprochen, so hätten sie verständnislos darauf reagiert – oder allenfalls gemutmaßt, es gehe um irgendwelche finanziellen Dinge. Das lateinische Ursprungswort *aes* bezeichnet Kupfer und Bronze. Stücke aus diesem Metall standen einst am Anfang der römischen Geldwirtschaft. Der Wert des *aes rude*, ›Rohkupfer‹, bemaß sich nach seinem Gewicht. Als nächster Schritt folgte die Normierung von *aes*-Stücken als Währung; als geprägte Münzen hatten sie einen garantierten Wert. Unter dem Plural *aera* verstand man also entweder Münzen oder im übertragenen Sinne einzelne Posten einer bestimmten Summe: *aera sunt conficienda*, sagt Seneca (Brief an Lucilius 26, 8), »ich muss meine Zahlung leisten«.

Zum zeitlichen Begriff im Sinne einer »Epoche«, eines »Zeitabschnitts« – heutzutage oft mit anerkennendem Unterton – entwickelte sich *aera* erst im Übergang von der Spätantike zum Mittelalter. Ob dabei die später vom Geld gelöste Bedeutung ›Zahlen‹ Pate gestanden hat, ist ungewiss. Erstmals findet sich der Begriff in der neuen Bedeutung bei Isidor, dem Bischof von Sevilla aus dem frühen 7. Jh.: In seinem Werk über »Etymologien« lässt er die Ära als zeitlichen Bezugspunkt mit einem Zensus des Augustus beginnen, liefert aber keine schlüssige Begründung für den Bedeutungswandel mit der These, damals habe »jedermann versprochen, eine Münze (*aes*) für den Staat zu geben« (Etym. V 36, 4). Wie sehr spätestens danach die Ära der begrenzten Lateinkenntnisse begonnen hat, zeigt die »Mutation« des Pluralwortes zum Singular: Wir sprechen von »der« statt von »den« Ära. Indes, geteiltes Leid ist halbes Leid: Warum sollte es »der« Ära besser ergehen als »der« Agenda? Die ist mit den »Dingen, die zu tun sind«, ja eigentlich auch ein lupenreiner Plural.

Äsculapstab

Ein knorriger Stock, um den sich eine Natter windet – seit dem 5. Jh. v. Chr. war er das Erkennungszeichen des Asklepios, eines bärtigen Heilheros, der als Sohn Apollos galt. Von seinem göttlichen Vater, der ja auch für die Heilkunde zuständig war, hatte er das medizinische Talent ererbt. Die Heilerfolge des mythischen Arztes trugen ihm göttliche Verehrung ein. In den berühmten Asklepios-Heiligtümern von Epidauros, Kos, Pergamon und anderen Kultorten suchten unzählige Kranke Heilung. Auch die Römer sicherten sich die Gunst des Heilgottes. Im Jahre 293 v. Chr. schickten sie unter dem Eindruck einer furchtbaren Pestepidemie eine Gesandtschaft nach Epidauros, um den Gott nach Rom zu »entführen«. Gegen den Widerstand der Epidaurier sagte der, glaubt man Ovid, seinen »Standortwechsel« mit den Worten zu: »Ich werde kommen und von meinem Bildnis scheiden. Sieh nur diese Schlange an, die sich um einen Stab windet (...): In sie werde ich mich verwandeln!« (Metamorphosen XV 658 ff.). Tatsächlich wird der Gott unter seinem lateinischen Namen Aesculapius auf der Tiberinsel in Rom seine neue Heimat finden.

Die Schlange galt aus mehreren Gründen als Symboltier des Heilgottes. Zum einen wegen ihrer Häutung, die Verjüngung signalisierte, zum anderen wegen ihrer Wachsamkeit und wohl auch wegen der Heilkraft ihres Fleisches, aus dem zahlreiche Pharmaka hergestellt wurden. Seit dem 4. Jh. v. Chr. ist sie in Verbindung mit dem Stab das gut erkennbare Attribut des Asklepios/Äsculap. Die Symbolik des Stabes ist strittig. Vermutlich war er ursprünglich nur der Stock, auf den sich der Wanderheiler stützte, dessen medizinische Erfolge ihn dann auch als Szepter der Heilkunde erscheinen lassen konnten. Bis heute ist der Äsculapstab ein wichtiges »Logo« der Heilberufe. Im bekannten Apotheken-»A« ist er allerdings durch eine Arzneischale ersetzt worden, um die sich indes immer noch die

Schlange ringelt, während er im Logo der Veterinärmediziner nach wie vor seinen festen Stand hat.

Akademie

Ein Park mit üppigem Grün, schattigen Platanen, Ulmen und Pappeln sowie Laubgängen, die zum Spazierengehen einluden – solch einen lauschigen Ort suchte sich Platon für seine Philosophenschule aus, die er im Jahre 387/6 v. Chr. gründete. Benannt ist sie nach dem Heros Akademos (oder Hekademos), dem die angrenzende Kultstätte im Nordwesten Athens geweiht war. Platons *Akademie* entwickelte sich rasch zu einer berühmten Lehr- und Lerngemeinschaft, die noch viele Jahrhunderte nach dem Tode ihres Gründers fortbestand und als philosophische Schule das geistige Leben der Antike und des Abendlandes stark prägte.

Dem hohen intellektuellen Niveau der platonischen Akademie fühlen sich alle ›Akademiker‹ verpflichtet – heute ein Begriff für Hochschulabsolventen mit ›akademischem‹ Abschluss. Für ihre Ausbildung fallen nicht selten Studiengebühren an; bei Platon dagegen war – im Unterschied zu manchen anderen altgriechischen Weisheitslehrern – der Unterricht kostenlos.

Der Begriff der Akademie ist rechtlich nicht geschützt, so dass sich grundsätzlich jedwedes Fortbildungsunternehmen auf die »Nachfolge« Platons berufen kann – und es viele auch tun: Es gibt u. a. eine TÜV-Akademie, eine *Accademia della pizza Italiana e. V.* und, für künftige »Pflanzendoktoren«, eine »Gartenakademie«. Sie steht ihrer platonischen Vorgängerin wenn nicht im Niveau, so doch wenigstens im Ambiente nahe.

Akten

Als *acta* bezeichneten die Römer ›getane‹, ›verhandelte‹ Dinge (Partizip Perfekt Passiv von *agere* ›handeln‹). Die Beschlüsse des Senats wurden als *acta* ebenso im Staatsarchiv aufbewahrt wie die juristischen Entscheidungen, die am Kaiserhof getroffen wurden. Amtliche Nachrichten von besonderer Bedeutung wurden seit Caesar als *acta diurna*, ›Tagesgeschehnisse‹, herausgegeben. Der Vergleich mit der modernen Zeitung aktualisiert allerdings zu stark. Was von den Römern *ad acta* gelegt wurde, war nicht nur weggeräumt und beiseite gelegt, sondern auch für den Fall archiviert, dass etwas nachzuprüfen war. Auch wenn heutige *Akten* gern mit ›staubtrocken‹, ›langweilig‹ und ›lebensfern‹ konnotiert werden, sind auch sie eine wichtige Beweis- und Dokumentationsinstanz. So dass, wie spöttisch man sie auch zitieren mag, die an ein Cicero-Wort (Briefe an seine Freunde II 15, 5) angelehnte Sentenz für die römischen *acta* ebenso wie für heutige Akten oft genug gilt: *quod non est in actis, non est in mundo*, »was nicht in den Akten steht, ist nicht auf der Welt«.

Album

Eine mit Gips übertünchte und deshalb ›weiße‹ Tafel – das ist der Ursprung des *Albums* (lat. *albus* ›weiß‹). Die Römer kannten zahlreiche *alba*. Die meisten stellten wichtige öffentliche Verzeichnisse dar, so die Liste der Senatoren (mit ebenso öffentlichkeitswirksamer Streichung der Ausgestoßenen), die Liste der gewählten Geschworenen, in Landstädten auch die *alba decurionum* mit den Namen der Ratsherren. Von besonderer Bedeutung war das *album praetoris*. Auf dieser weißen Tafel verkündete der neue Prätor vor seinem Amtsantritt sein

Edikt, eine Art »Regierungserklärung« oder besser ein Maßnahmenkatalog.

Die meisten Alben aber führen in die frühe Geschichte Roms zurück, als der *pontifex maximus* die wichtigsten Ereignisse des Jahres in seine »Geschichtsliste« eintrug. *In album referre* nannte man diese Chronistentätigkeit des Oberpriesters – ein Ausdruck, mit dem man auch das bezeichnen kann, was am Anfang der deutschen Album-Karriere stand: Eintragungen in Stamm- und Gedenkbücher. Aber eben auch heutige Eintragungen in Poesie-Alben, das Einheften von Postwertzeichen in Briefmarken-Alben oder das Einkleben von Bildern in Foto-Alben. Selbst moderne CD-Alben spiegeln noch den ursprünglichen Begriff wider – auch sie sind ja Zusammenstellungen und Verzeichnisse. Mit Blick darauf ist man fast versucht, das *album* des Oberpriesters als historische Best-of-Chronik jährlicher Begebenheiten zu bezeichnen; aber das wäre wohl doch etwas zu despektierlich.

Amazone

Als quasi offizielle Bezeichnung stößt man auf *Amazonen* heute nur im Pferdesport. Als solche werden mehr oder minder professionelle Reiterinnen bezeichnet, die sich an »Amazonenrennen« beteiligen. Ansonsten wird der Begriff recht unterschiedlich gefüllt, übereinstimmend aber in dem Sinne, eine Amazone sei eine besonders selbständige, ehrgeizige Frau, die den Männern Paroli bieten will und kann. Damit greift die Rezeption wesentliche Charakteristika der antiken Begriffsbestimmung auf. Unter Amazonen verstanden die Griechen ein von Männern weitgehend autarkes Frauenvolk mit einem eigenen Reich am Schwarzen Meer. Die Amazonen werden häufig, aber nicht durchgehend als Reiterinnen dargestellt; auf Vasenbildern kommen sie nicht selten auch als tüchtige Kämpferinnen zu Fuß vor. Ihre kriegerische Mentalität wird stets betont. Auch die Volksetymologie ihres Namens (gr. *a-mazon* ›ohne Brust‹) spiegelt das: Ihre rechte Brust schnitten oder brannten sich die »wilden Weiber« angeblich ab, um den Bogen besser spannen zu können.

Amazonen waren ein wichtiger Teil des griechischen Mythos, aber sie gehörten nicht zum griechischen Kulturkreis. Im Gegenteil. Sie werden bewusst als geheimnisumwittertes, fremd-exotisches Volk gezeichnet, das geradezu einen Antagonismus zur griechischen Zivilisation verkörpert. Amazonen sind in gewisser Weise Ruhestörerinnen der bestehenden griechischen Ordnung, insofern sie mit der Frauenherrschaft und der Wehrhaftigkeit den gesellschaftlichen Status quo und die Geschlechterrollen in Frage stellen. Man versagt den »männergleichen Frauen« – so schon Homer – die Anerkennung und den Respekt für ihre militärische Tüchtigkeit nicht, letztlich aber unterliegen sie, wenn sie sich auf den direkten Kampf mit griechischen Heroen einlassen: In Achill, Theseus und Herakles finden sie ihre Bezwinger. Insofern erweist sich die griechische Ordnung als überlegen; die Provokation wird, wenn sie sich zum Kulturkampf zuspitzt, in ihre Schranken gewiesen.

Die Mischung aus Bewunderung und Verunsicherung, aus Erstaunen und Furcht, die die griechische Mentalität gegenüber der radikalen Herausforderung durch einen so ganz anders gearteten Gegner prägt, schwingt auch noch im modernen Amazonen-Bild nach. In trivialisierender Weise könnte man von einem mythohistorischen Vorbild von »Frauenpower« sprechen – und die intensiv geführte Debatte um eine Frauenquote in Vorständen und Aufsichtsräten großer Unternehmen vielleicht als »Amazonen-Diskurs« nobilitieren.

Ambitioniert

Wer *ambitioniert* ist, sollte, zumindest etymologisch gesehen, gut zu Fuß sein. Denn er kommt viel herum: Das lateinische *amb-ire* heißt ›herumgehen‹ und bezeichnete bei Amtsbewerbern ihre zielgerichteten Rundgänge in der Öffentlichkeit, auf denen sie Wähler ansprachen und um ihre Stimme baten. Das war dem Straßenwahlkampf im Vorfeld heutiger Parlamentswahlen vergleichbar; auch da machen sich die Kandidaten den Bürgern persönlich bekannt und werben um ihre Gunst. Es lag nahe, ein intensives und häufiges »Herumgehen« als »Ehrgeiz« und »Streben nach Gunst« zu interpretieren.

Tatsächlich entwickelte sich die übertragene Bedeutung von *ambitio* aus dem ursprünglich physischen Herumgehen, das man je nach Kontext auch als ein »Herumscharwenzeln« um den Wähler negativ konnotieren konnte. Gleichwohl war in dem auf Konkurrenz zwischen den Adligen angelegten politischen System der römischen Republik *ambitio* grundsätzlich kein negativer Begriff – zumal sich politischer Ehrgeiz auch in den Dienst der Gemeinschaft stellen wollte und sollte. Wer es freilich mit der Eigenwerbung beim Wahlvolk übertrieb, indem er seiner Popularität durch üppige Spenden und Spiele allzu sehr nachhalf, der war des unlauteren politischen Wettbewerbs verdächtig. Und der war als *ambitus* nicht nur negativ besetzt, sondern wurde auch geahndet. *Ambitus* bezeichnete übertriebenen Ehrgeiz bis hin zu »Intrigen« und »Bestechung«. Es war freilich schwer, eine klare Grenze zwischen *ambitio* und *ambitus* zu ziehen. Die Römer versuchten es immer wieder mittels Gesetzen, die verbotene Wahlumtriebe sanktionierten. Letztlich war es, wenn es zur Anklage kam, eine Ermessensentscheidung der Geschworenen, ob sie den Wahlkampf eines Amtsbewerbers noch als »ambitionierte«, aber legale *ambitio* oder als illegalen *ambitus* bewerten wollten. Ciceros Rede für Murena führt gut in diese Ambivalenz ein.

Heutzutage ist ›ambitioniert‹ ein weitgehend positiver Begriff, der Strebsamkeit, Ehrgeiz, Zielstrebigkeit oder einen hohen Anspruch herausstellt. Aber selbst wenn man jemandem attestiert, »ein bisschen zu ambitioniert« zu Werke zu gehen, ist er zumindest vor Strafverfolgung sicher.

Ambrosia

Im Deutschen ist die Götterspeise *Ambrosia* sprachlich stark auf dem Rückzug. Allenfalls in Verbindung mit Nektar ist sie noch einigermaßen präsent. In der griechischen Mythologie war Ambrosia die Speise der Götter. Das wurde auch sprachlich deutlich: *ambrosía* heißt ›Unsterblichkeit‹. Götterkinder wurden damit aufgezogen, manchmal durften sich auch Menschen in der Tischgemeinschaft mit Göttern der »göttlichen Speise« erfreuen. Bei Homer ist alles »Ambrosische« gleichbedeutend mit ›göttlich‹. Bei rationalistischen Nachforschungen stießen schon antike Gelehrte auf den Honig als Grundlage der göttlichen Ambrosia. Das Image der göttlichen Nahrung scheint indes noch stark genug, so dass nicht wenige griechische Restaurants mit dem Namen »Ambrosia« um Speisegäste werben. Wieso allerdings ein Bestattungsunternehmen in Chemnitz sich dieses Namens bedient, bleibt unklar – es sei denn, der dort übliche Service führe schnurstracks dorthin, was der griechische Name verspricht: »Unsterblichkeit«.

Amulett

Mithilfe eines *Amuletts* soll Unglück abgewehrt werden. Das Amulett ist somit in wissenschaftlicher Diktion ein apotropäisches (Unheil »abwehrendes«) Objekt. Der sprachgeschichtliche Befund bestätigt das: Lat. *a-moliri* heißt ›weg-schaffen‹;

ein *a-molumentum* bzw. *a-muletum* ist folglich ein ›Abwendungsmittel‹. Womit wir wie bei allen Talismanen tief im Aberglauben angelangt sind. Der Ältere Plinius berichtet über am Körper getragene bzw. symbolische *amuleta*, die nach weitverbreitetem Glauben Unglück auf Distanz hielten. So glaubte man, dass die großen, gezähnten Hörner von Käfern, an Kinder gebunden, die Qualität eines Amuletts hatten, oder dass es Unheil fernhielt, wenn man »auf gelassenen Urin spuckte« oder auch »in den rechten Schuh, bevor man ihn anzog« (Naturgeschichte XXVIII 38). Viel häufiger als das *amuletum* begegnet uns in der lateinischen Literatur und auf bildlichen Darstellungen die *bulla*, eine – häufig aus Gold gefertigte – Kapsel, die Knaben aus »gutem Hause« bis zum Eintritt ins Erwachsenenalter, um den Hals gehängt, als magische, Unheil abwehrende »Plakette« auf der Brust trugen. Mit anderen Worten: ein Amulett.

Anarchie

Für die Griechen war die *Anarchie* ›Abwesenheit von Herrschaft‹, ursprünglich die wertfreie Beschreibung eines »herrschaftslosen« Zustandes. Für Xenophon ist die Anarchie eine vorübergehende Spanne ohne einen führenden Beamten, den Archonten. Die negative Rezeptionslenkung beginnt mit Platon und Aristoteles. Während Aristoteles die Anarchie als Zustand von Sklaven ohne Herrn definiert, verwendet Platon sie als Kampfbegriff in der Auseinandersetzung mit der Demokratie. Aus seiner Sicht ist die *eleuthería*, ›Freiheit‹, auf die sich die Demokraten so viel zugutehalten, ein Euphemismus für den Zustand der »Unordnung« und »Zügellosigkeit«, die er als Anarchie bezeichnet (Staat 560 e). Die meisten römischen Staatstheoretiker hätten ihm wohl zugestimmt; sie verwenden jedoch den Begriff ›Anarchie‹ nicht. Im 19. Jh. wird er zunehmend in den verfassungspolitischen Diskurs eingespeist, und zwar als Gegenbegriff zur Monarchie oder zur Demokratie. Es gehört(e) schon einiger Mut dazu, sich gegen den *mainstream* zu anarchistischen Idealen zu bekennen. Großer Erfolg wird den bekennenden Anarchisten nicht zuteil: ›Anarchie‹ und ›anarchisch‹ sind heutzutage vornehmlich als »Warnbegriffe« vor politischem Chaos negativ konnotiert.

Anekdote

Wenn Cicero seine geplanten Memoiren als *anékdota* bezeichnet, so meint er damit nicht ein unterhaltsames, witziges Potpourri aus biographischen Reminiszenzen. Ganz im Gegenteil. Er plant, dort mit scharfer moralischer Klinge mit seinen Gegnern abzurechnen, will diesen Bericht aber nur seinem Freund Atticus als einzigem Zuhörer vorlesen (Briefe an Atticus II 6, 2). Diese Memoiren sollten im ursprünglichen Sinn des Wortes ›nicht herausgegeben‹ (*an-ekdota*) bleiben. Erst im 6. Jh. n. Chr. gab dann endlich ein Autor wirklich einmal »Nicht Herausgegebenes« doch heraus. Unter dem Titel »Anekdota« verfasste der Historiker Prokop von Kaisarea eine Geheimgeschichte, die manches für Kaiser Justinian und seine Entourage wenig Schmeichelhafte enthielt, streckenweise Skandalgeschichten und Hofklatsch, der vielleicht sogar besser »unausgegeben« geblieben wäre. Mag sein, dass die Enthüllungsschrift aus Furcht vor Repressalien erst nach dem Tode ihres Autors publiziert worden ist. In der frühen Neuzeit wurde sie jedenfalls neu entdeckt und als eine Art historischer Gegenentwurf zum Geschichtswerk, das die großen Linien zieht, rezipiert – als Vorbild für die Gattung der Anekdote, die auf kleine Splitter zu großen Leuten abzielt und Amüsantes, Menschlich allzu Menschliches, unterhaltsame Fußnoten der Historie sammelt, die freilich oft genug das für manchen

»Großen« Charakteristische auf den Punkt der kleinen Form bringen.

Annalen

Denkwürdige Ereignisse pflegen in die *Annalen* einzugehen, oft in Verbindung mit den Annalen einer bestimmten Institution. Die Annalen sind ein Synonym für ›Geschichte‹ – und damit nahe an ihrem römischen Ursprung. Sie gehen zurück auf die Aufzeichnungen des *pontifex maximus* und stehen als solche dem Album nahe. Der oberste Priester hielt in den *annales* (›Jahrbüchern‹) fest, welche besonderen Vorkommnisse in einem Jahr (*annus*) erinnerungswürdig waren: Mond- und Sonnenfinsternisse, Naturkatastrophen, Tempelgründungen, Teuerungen, Beamtenwahlen, militärische Unternehmungen und ähnliche Ereignisse.

Diese *annales maximi* dienten den ersten römischen Historikern als Materialgrundlage für ihre Geschichtswerke. Es lag nahe, auch sie als *annales* zu bezeichnen und damit ein Genus der Historiographie, in dem die Darstellung jahrweise voranschreitet und sachlich Zusammengehöriges, wie etwa einen mehrjährigen Krieg, aufgrund des chronologischen Prinzips trennt. Die berühmtesten »Annalen« der römischen Geschichtsschreibung waren die des Livius (142 Bücher von 753 bis 9 v. Chr., nur in Teilen erhalten) und die des Tacitus (16 oder 18 Bücher von 14 bis 68 n. Chr.; ebenfalls nicht komplett überliefert).

Apotheose

Vielleicht eine Reverenz an die zunehmende Demokratisierung unserer Gesellschaft: Die *Apotheose* ist begrifflich ziemlich aus der Mode gekommen – auch wenn sich die ursprüngliche ›Vergöttlichung‹ (gr. *theós* ›Gott‹) schon längst zur ›Verherrlichung‹ oder ›Verklärung‹ säkularisiert haben mag. In der Antike war die Apotheose für Heroen, Halbgötter, der letzte Schritt zur Aufnahme in die Gefilde der seligen Götter. Berühmtestes Beispiel ist Herakles/Herkules, der nach mühevollem irdischem Dasein mit der Apotheose belohnt wurde, ähnlich wie Aeneas, der vielfach geprüfte Stammvater der Römer, die Verkörperung häufig selbstloser *pietas* (›Pflichterfüllung‹), einem Teil der Tradition zufolge unter die Götter aufgenommen worden sein soll – wie auch sein Nachfahre Romulus, der Gründer Roms.

Zu den bekanntesten historischen Persönlichkeiten, die der Überlieferung zufolge der Apotheose teilhaftig wurden, zählten Alexander der Große und Iulius Caesar. Dessen Adoptivsohn Octavian/Augustus nannte sich *Divi filius*, ›Sohn des Vergöttlichten‹, widerstand aber zumindest im Westen des Reiches der Versuchung, sich selbst zu Lebzeiten unter die Götter einreihen zu lassen. Die meisten römischen Kaiser durften damit rechnen, im öffentlichen Bewusstsein im Kreise der Götter weiterleben zu dürfen. Nur wenigen wurde diese Anerkennung verweigert. Im »Kampf« gegen die Apotheose des Claudius setzte der Philosoph Seneca eine bitterböse Satire ein: Seine *Divi Claudii Apokolokyntosis* war der satirische Zerrspiegel auf die vom Senat beschlossene Konsekration des umstrittenen Kaisers: Der vergöttlichenden Apotheose setzte Seneca die Apokolokyntosis entgegen, die ›Verkürbissung‹.

Arena

Arenen haben zurzeit Konjunktur. Mag die spanische Stierkampf-Arena mit ihren der Tierquälerei verdächtigen Kämpfen ins Gerede gekommen sein, so schmücken sich in Deutschland immer mehr Sportstätten mit dem Namen »Arena«. Der FC Bayern München spielt in der »Allianz-Arena«, Schalke 04 in der »Veltins-Arena«. Mit ihrem römischen »Vorbild« haben sie die Assoziation des Kampfes gemeinsam. Arenen sind Wettkampfstätten, in denen Kontrahenten ihre Kräfte messen. Die Rasenflächen moderner Fußball-Arenen unterscheiden sich indes von den Böden antiker Kampfplätze erheblich. Bei den Römern war es Sand, lateinisch *(h)arena*, der als Bodenbelag diente und als *pars pro toto* dem Amphitheater auch den Namen ›Arena‹ eingetragen hat. Für den Kampf der Menschen und Tiere bot sich der Sandboden an, weil er Standfestigkeit garantierte, nach den Aufführungen leicht zu »pflegen« war – und das reichlich fließende Blut gut darin versickerte. Gelegentlich wurde *arena* auch als Synonym für den Gladiatorenkampf gebraucht; einen *arenae devotus*, ›der Arena Verfallenen‹, würde man heute als »Gladiatorenfan« bezeichnen.

Argusaugen

»Hundert Augen umkränzten das Haupt des Argus, von diesen schlossen sich abwechselnd je zwei zur Ruhe, die übrigen wachten und blieben auf Posten.« Die Beschreibung Ovids (Metamorphosen I 625 ff.) macht deutlich, wieso es die *Argusaugen* zu solchem Rezeptionsruhm als ständig wachsam-misstrauische, sehr genau hinschauende Blicke bringen konnten. Wachsamkeit und Misstrauen eines nimmermüden Wächters waren in der mythologischen Situation nicht unangebracht, in der wir auf den Riesen Argos/Argus stoßen. Ihn hatte die nicht grundlos eifersüchtige Göttermutter Hera zum Aufpasser der schönen Io bestimmt, die, obwohl von Zeus in eine Kuh verwandelt, dem amouröser Eskapaden stets verdächtigen Göttervater durchaus noch reizvoll erschien. Er schickte den Götterboten Hermes los, um die Kuh zu entführen, und dem gelang es tatsächlich, Argus mit Erzählungen und Flötenspiel einzuschläfern und ihm das Haupt abzuschlagen. Dem gewissermaßen im Dienst Verstorbenen erwies Hera eine letzte Ehre, indem sie mit den hundert Augen des Argus das Gefieder des ihr heiligen Vogels, des Pfaus, schmückte.

Schon in der Antike war Argus eine Chiffre für unermüdliche Wachsamkeit – auch wenn er gelegentlich in einem weiteren Gott seinen Meister fand: In einer Liebeselegie, die er dem eifersüchtigen Ehemann widmet, setzt Ovid der Wirksamkeit argusäugigen Aufpassertums eine klare Grenze: »Hundert Augen hatte Argus auf der Stirn und hundert auf dem Nacken – sie alle täuschte oft der eine Amor« (Elegien III 4, 19f.).

Ariadnefaden

Ihm verdankt der athenische Held Theseus seine Rettung: Dem Wollknäuel, das ihm die Königstochter Ariadne gab, als er sich anschickte, in die Behausung des Minotauros einzudringen, um das Ungeheuer zu töten. Der Minotauros war in ein Labyrinth eingesperrt, aus dessen verschlungenen Irrgängen Theseus ohne einen Leitfaden nicht wieder herausgefunden hätte. Die Prinzessin handelte aus Liebe zu dem Fremden; ihr Vater Minos musste das Faden-Geschenk als Verrat empfinden.

Heute wird der *Ariadnefaden* selten im Sinne eines dramatischen Rettungsmittels in auswegloser Lage bemüht, eher im Sinne des hilfreichen Leitfadens, der es erlaubt, sich in dschungelähnlichem Gelände zurechtzufinden. Immerhin hat er sogar den Sprung in die moderne Medienwelt geschafft: Die strukturierte Seitennavigation einer Website wird als Ariadnefaden bezeichnet. Und als Hilfe für Journalisten durch das Internet-Labyrinth bietet sich die Netzadresse *www.ariadnefaden.de* an.

Arkadien

Wer eine ländlich-friedliche Idylle zum Träumen und Glücklichsein als Gegenpol zur hektischen, »bösen« Welt mit all ihren gesellschaftlichen Zwängen sucht, der findet diese arkadische Ruhe auf der mittleren Peloponnes. Dort liegt *Arkadien*, im Altertum eine weitgehend abgeschiedene gebirgige Landschaft, die vor allem von einfachen Hirten bewohnt war. Hier siedeln Literaten schon in hellenistischer Zeit ein geistiges Traumland an, hier spielen Vergils berühmte Eklogen in einer bukolischen Welt ohne Arg und Verstellung, ohne Luxus und Jagd nach materiellen Gütern. Arkadien ist die Chiffre für ein virtuelles irdisches Paradies, das Züge des Goldenen Zeitalters trägt. Es ist ein geistig-literarisches Rückzugsgebiet, eine Utopie, die mit der rauen Realität und der Kargheit des geographischen Arkadiens wenig zu tun hat – ein idealisiertes Refugium, das schon bei Vergil, später dann auch in der bukolischen Literatur Europas Merkmale einer Weltflucht aufweist.

Et in Arcadia ego – so überschreibt Goethe seine »Italienreise«, »auch ich war in Arkadien«, »auch ich habe das Glück erlebt«. Die Sentenz ist älter, ihre Deutung z.T. umstritten. Wem es notwendig erscheint, ab und zu einmal in das geistige Traumland Arkadien zu entfliehen, der mag sich bei der Rückkehr, seelisch gestärkt, mit diesem »Motto« dankbar seines arkadischen Friedens erinnern. Wer es physisch in deutschen Landen erleben möchte, sollte sich vielleicht in einem der rund zwei Dutzend »Arcadia Hotels« einquartieren – so jedenfalls das Werbeversprechen der Kette, die sich als »Die Wohlfühlgruppe« begreift.

Asyl

Wenn das Grundgesetz der Bundesrepublik Deutschland politisch Verfolgten Asylrecht zugesteht, so schützt es die Betroffenen davor, »gewaltsam weggeführt« zu werden, und knüpft damit inhaltlich und sprachlich an die griechische *asylía* an. *Sylán* bedeutet ›mit Gewalt fortführen‹ und wird durch ein *alpha privativum* (*a-*) verneint. Ursprünglich wurden Asylverträge zwischen Städten und Staaten zum Schutz ihrer Bürger auf dem Territorium des Vertragspartners geschlossen. Daneben entwickelte sich ein sakraler Asylbegriff, der heilige Stätten wie Tempel und Altäre zum *ásylos tópos*, ›unverletzlichen Ort‹, erklärte und alle, die sich dorthin in die Obhut eines Gottes flüchteten, unter Schutz stellte – einschließlich flüchtiger Sklaven. Es oblag dem diplomatischen Geschick der Priester, pragmatische Lösungen für schwebende Asylie-»Verfahren« zu finden.

Nachdem es zur Weltmacht aufgestiegen war, stand Rom dem Asylrecht in zwischenstaatlichen Übereinkommen eher skeptisch gegenüber. Vergessen waren die Anfänge, als Romulus, um der gerade gegründeten Stadt neue Bürger zuzuführen, Rom zum dauerhaften Asyl ausrief – und damit natürlich auch manche zwielichtigen Gestalten anlockte, die froh waren, in der Tiberstadt Unterschlupf zu finden. Für den Historiker Livius (I 8, 6) stellte sich die Asyl-Idee gleichwohl als »ein erster Ansatz zu der beginnenden Größe« dar. Ein ungewohnter Gedanke: Das Asyl als Teil einer Erfolgsgeschichte …

Mit der Christianisierung des Römischen Reiches ging das Asylrecht auf Einrichtungen der Kirche über. Neben Gotteshäusern hatten auch Klöster, Wohnungen von Geistlichen und selbst Friedhöfe dieses Privileg. Die modernen Staaten erkennen das Kirchenasyl allerdings nicht an. Ob die katholische Kirche den Asylanspruch auch kirchenrechtlich aufgegeben hat, ist strittig.

Atlas

Spätestens in einer der ersten Erdkundestunden begegnet jeder dem *Atlas* – oft jedoch, ohne Informationen über den Namensgeber zu erhalten. Atlas war der Sohn eines Titanen, der nach dem gescheiterten Titanenaufstand gegen die Olympier von Zeus dazu verurteilt wurde, das Weltengebäude im Westen zu tragen. Antike Plastiken stellen Atlas in gebeugter Haltung unter der Last der Erdkugel dar. Als geomorphologischer Pfeiler, auf dem im Westen das Himmelsgebäude zu ruhen schien, sah man die hohen Berge in Mauretanien an – folgerichtig nannte und nennt man sie Atlas-Gebirge. Jenseits des Atlas-Gebirges bzw. der »Säulen des Herakles« (Straße von Gibraltar) erstreckt sich ein Meer, das das Ende der im Altertum bekannten Welt markierte: Auch der Atlantische Ozean verdankt dem mythischen Erdkugelträger seinen Namen.

Die gesamte Erde von einem Buch »gehalten« – diese Vorstellung veranlasste den Kartographen Gerhard Mercator im Jahre 1595 dazu, den himmelzelttragenden Atlas auf die Titelseite seines Kartenwerkes zu setzen und damit den weiteren Weg des bestraften Aufrührers in eine neue Rezeptionsrichtung zu lenken. Auch die Mediziner haben ihm ihre Reverenz erwiesen: Der erste Halswirbel heißt Atlas. Logisch: Er trägt den Kopf.

Atrium

In der modernen Architektur steht das *Atrium*, ob als Gebäudeteil oder als Atriumhaus, hoch im Kurs. Es verbindet sich mit den positiven Assoziationen von räumlicher Offenheit, Weite und Helligkeit. Manches davon lässt sich mit dem *atrium* des römischen Hauses zur Deckungsgleichheit bringen. Das war der zentrale Raum, um den herum sich die anderen

Zimmer gruppierten – im Unterschied zu den privaten Gemächern ein halböffentlicher Teil des Hauses, der gesehen werden wollte. Im *atrium* empfingen angesehene Patrone allmorgendlich ihre Klienten, im *atrium* vornehmer Adelshäuser hingen denn auch die Ehrfurcht einflößenden Wachsmasken (*imagines*) der bedeutenden Ahnen. Je älter sie waren, umso schwärzer wurden sie mit der Zeit. In diesem Punkt bedarf die heutige Vorstellung von einem lichtdurchfluteten Atrium einer Korrektur: Da dort der Herd stand, erschien das *atrium* den Römern als »geschwärzter Raum« (lat. *ater* ›schwarz‹).

Augiasstall

Wenn ein *Augiasstall* ausgemistet gehört, so türmen sich darin große Mengen von Unrat an – heutzutage vornehmlich im übertragenen Sinne: Schlamperei, Korruption, Missmanagement. Das war zu Zeiten des Herakles/Herkules noch ganz anders. Ihm wurde als fünfte seiner zwölf Aufgaben zugemutet, den Rinderstall des Königs Augias von Elis an einem einzigen Tage zu säubern. Die Aufgabe war im Prinzip nicht zu lösen: 3000 Rinder hatten dort ihren Mist unter sich gehen lassen, und 30 Jahre lang war der nicht weggeräumt worden. Herakles indes hatte *die* Idee für ein rationelles Großreinemachen: Er leitete die Flüsse Peneios und Alpheios durch den Stall – und schaffte so das Unmögliche.

Seitdem dient der Augiasstall als Metapher für eine gewaltige Reinigungsaufgabe, die einen radikalen Ansatz verlangt. Als vornehmes Synonym für den im Deutschen sprichwörtlichen »Saustall« bietet sich der historische Augiasstall freilich nur bedingt an – dort ging es ja nicht um Schweine, sondern um Rinder. Wer meint, Mist sei Mist, mag nicht ganz Unrecht haben – und kann seinen kleinen Verwechslungs-Fauxpas zusätzlich dadurch wiedergutmachen, dass er den Augiasstall nicht wie alle Welt falsch auf dem »Au«, sondern richtig auf dem »i« betont.

Augurenlächeln

Zukunftserforschung war für Römer etwas Sinnvolles, ja Entscheidendes. Ohne ein »o.k.« seitens der Auguren wurden wichtige politische und militärische Vorgänge gestoppt. Das Kollegium der *augures* war dazu berufen, durch Beobachtung »göttlicher« Vorzeichen Fingerzeige dafür zu geben, ob man eine bestimmte Unternehmung wagen solle oder nicht – einschließlich der Abhaltung von Wahlen.

Die Auguren verfügten über ein seit Jahrhunderten tradiertes Know-how der Zukunftserforschung. Dazu gehörten die Beobachtung des Vogelfluges, die Deutung bestimmter Himmelserscheinungen und anderer auffälliger Zeichen, die den vermeintlichen Willen der Götter anzeigten. Die amtlichen Wahrsager hatten damit eine nicht geringe Macht inne. Ob Feldzüge, Wahlen und Volksversammlungen wie geplant stattfinden konnten, entschieden sie. In der späten Republik kam es gehäuft zu Manipulationen. Mächtige Politiker, denen die Verschiebung einer Abstimmung opportun erschien, wandten sich an einen Augur ihres Vertrauens – und erreichten ein *augurium* in ihrem Sinne. Diese Pervertierung prophetischer Aussagen scheint indes eine lange Geschichte zu haben. Schon der Alte Cato (234–149 v. Chr.) habe sich, so berichtet Cicero (Über die Weissagung II 51), darüber gewundert, »dass ein *haruspex* nicht lächle, wenn er einen anderen sehe«. Die *haruspices* waren Eingeweidebeschauer; ihren seherischen Fähigkeiten wurde die gleiche Autorität zuteil wie den Auguren, auf die der skeptische »Spruch« Catos irgendwann einmal übertragen wurde. Im Klartext hieß das: Staatlich bestallte Zukunftsdeuter wissen sehr wohl, welche Manipulationskraft ihren Aussagen innewohnt. Das *Augurenlächeln* wird damit zu einem wissend-verschmitzten Lächeln von Eingeweihten.

So kontinuierlich das ›Augurenlächeln‹ heutzutage an »Ahnungsvollen« verliert, die sich den richtigen Reim auf diese Metapher machen können, umso größer wird andererseits die Zahl derer, die mit ›Auguren‹ etwas anfangen können. Sie werden heute vor allem mit Deutern gleichgesetzt, die wirtschaftliche Entwicklungen einschließlich Konjunkturzyklen und Aktienkurse voraussagen zu können scheinen – ein altes, neues Anwendungsgebiet für das ›Augurenlächeln‹, wagen wir zu prophezeien.

Aura

Wer sich mit der *Aura* des Geheimnisvollen oder des Edlen umgibt, übt damit einen gewisse Anziehungskraft aus. Diese besondere Ausstrahlung oder Faszination ist etymologisch gesehen eine Wind-Kraft. Denn die Aurai galten den Griechen als die Personifikationen der frischen Morgenbrise sowie des sanft wehenden Windes allgemein, der auch die Schiffe in angenehmer Weise vorantrieb. Die Römer übernahmen den Begriff; *aura* bezeichnet auch im Lateinischen das milde Lüftchen. Ikonographisch wurden Aurae als Luftgottheiten dargestellt, »die in ihrem Gewand dahin segeln« (Plinius, Naturgeschichte XXXVI 29). Die wohl eindrucksvollste Darstellung findet sich auf dem Tellus-Relief der Ara Pacis (Friedensaltar des Augustus), wo die Aurae der mütterlichen Erdgöttin eine Aura des Friedfertigen und Segen Spendenden verleihen.

Auspizien

Das berühmteste – und folgenreichste – *auspicium* der römischen Geschichte stand ganz am Anfang. Im Streit darüber, wer der neuen Stadt seinen Namen geben und sie als erster regieren solle, einigten sich Romulus und Remus auf einen Gottesentscheid. Wer beim *auspicium* vorn sei, unter dessen *Auspizien* solle Rom gegründet werden. Das *auspicium* war ein *avi-spicium*, eine Beobachtung des Vogelfluges (*avis* ›Vogel‹, *-spicere* ›schauen‹). Und da Romulus vom Palatin aus zwölf Geier – und damit doppelt so viele wie sein Bruder – gesehen hatte, beanspruchte er den göttlichen »Auftrag« für sich. Mit dem Gegenargument, dass »seine« sechs Geier früher erschienen seien, konnte Remus sich nicht durchsetzen – die Grundlage für den Streit zwischen den Brüdern, der mit dem Tode des Remus enden sollte.

So wie die Modalitäten der Stadtgründung bedurften auch andere Staatsakte der Zustimmung der Götter, u. a. der Beginn von Feldzügen, die Abhaltung von Volksversammlungen oder der Amtsantritt von Magistraten. In jedem Fall mussten zuvor die *auspicia* eingeholt werden. Die Durchführung lag bei den Auguren, die Verantwortung dagegen bei den zuständigen Magistraten. Misserfolge, die nach römischer Auffassung nur durch falsche Deutung oder Missachtung der Vogelschau und anderer seherischer Praktiken eintreten konnten, und Erfolge wurden ihnen zu- bzw. gutgeschrieben. Daher entwickelte sich die Redewendung, etwas sei unter jemandes Auspizien geschehen. Will sagen: auf seine Initiative und Planung hin, unter seiner Leitung bzw. unter seinem Einfluss und Schutz. Die Formulierung, ein Vorhaben stehe unter guten Auspizien, ist im römischen Sinne etwas defizitär – weil es (scheinbar) keinen Verantwortlichen gibt.

Bacchanal

Ob dem Bacchanalienskandal des Jahres 186 v. Chr. eine »Verschwörung« zugrunde lag, gegen die der römische Staat zur Gewährleistung der inneren Sicherheit massiv einschreiten musste, wird in der althistorischen Forschung kontrovers diskutiert. Es dürfte indes kaum zweifelhaft sein, dass die eine oder andere Bacchusfeier, vom dort gefeierten Gott des Weines inspiriert, über die Stränge schlug und hier und da orgiastische Züge aufwies. Den Bacchantinnen und Bacchanten des Jahres 186 v. Chr. jedenfalls wurden hemmungslose Promiskuität, verbrecherisches Treiben und geradezu staatsgefährdende Raserei vorgeworfen. Ein wesentlicher Stein des Anstoßes war es zudem, dass sich der eigentlich Frauen vorbehaltene Kult auch männlichen Anhängern geöffnet haben sollte. Der Senat schritt ein und verfasste das (inschriftlich erhaltene) *senatus consultum de Bacchanalibus* (»Senatsbeschluss zu den Bacchanalien«), das alle Kultvereine des Weingottes in ganz Italien unter strenge staatliche Aufsicht stellte und die Kultausübung dauerhaft stark reglementierte.

Wer heute von einem *Bacchanal* spricht, der denkt nicht an das wüste orgienhafte Treiben, das römischen Bacchusfeiern im frühen 2. Jh. v. Chr. unterstellt wurde, wohl aber ans mehr oder minder intensive Pokulieren. Man spricht dem Geschenk des Bacchus ordentlich zu; die Bedeutungsbreite erstreckt sich von »Trinkfest« bis »Saufgelage«. Ein bisschen Euphemismus ist wohl schon meistens im Spiel; auf jeden Fall klingt »Bacchanal« in bildungsbürgerlichen Ohren deutlich angenehmer als »Komasaufen«. Im übrigen muss man sich ja an den vom Spötter Juvenal beklagten Moral-Heuchlern kein Vorbild nehmen, *qui Curios simulant et Bacchanalia vivunt*, »die wie (sittenstrenge) Curier tun und in Wirklichkeit Bacchanale leben« (Satiren II 3).

Banause

Als *bánausos* wurde im alten Griechenland ursprünglich jemand bezeichnet, der ›am Ofen arbeitete‹. Rasch erweiterte sich die Bedeutung auf jeden Handwerker. Da die Normen setzende Oberschicht von Erwerbsarbeit wenig und von Handarbeit noch weniger hielt, wurde *bánausos* schon in klassischer Zeit gelegentlich als abschätzige Bezeichnung (»gemein wie ein Handwerker«) verwendet.

Heute wird der Begriff ebenfalls negativ, teilweise als Schimpfwort für Menschen gebraucht, die, vor allem auf den praktischen Nutzen bedacht, von Intellektualität, Feingefühl und Bildung weit entfernt sind. Als Prototyp des *Banausen* gilt der Kunstbanause. Freuen kann er sich über diese »mildere« Beurteilung indes nur, weil er nicht noch stärker als »Kultur-Barbar« verunglimpft wird.

Barbar

Eine Begriffgeschichte, die es in sich hat: In großen Linien gezeichnet, ist es mit dem Ansehen des *Barbaren* ständig bergab gegangen. Als ›barbarisch‹ bezeichnen wir heute im Extremfall ein Verhalten, das jede Menschlichkeit vermissen lässt. Wir sprechen von ›barbarischem Gemetzel‹ oder von der ›Barbarei‹ menschenverachtender Gewaltherrscher. Die Verbrechen des NS-Regimes werden häufig als ›Rückfall in die Barbarei‹ bezeichnet.

Ursprünglich waren für die Griechen alle Völker Barbaren, deren Sprache sie nicht verstanden. Sie wurden lautmalerisch als ›Stammler‹ etikettiert. Damit ging auch eine »nationale« Selbstvergewisserung eines Volkes einher, das seit der großen Kolonisation rund ums Mittelmeer »verstreut« war. Aus der anfangs weitgehend deskriptiven, wertneutralen Definition entwickelte sich spätestens nach den Perserkriegen, dem Triumph über die »barbarischen« Angreifer, ein häufig pejorativ verstandener Barbaren-Begriff, der sich mit fehlendem zivilisatorischem Schliff, mit Unkultiviertheit, mit Grob- und Wildheit sowie griechischem Überlegenheitsgefühl verband. Ein abwertendes Barbarenbild, das die Römer später weiter ausbauten – obwohl sie anfangs aus griechischer Sicht selbst unter diese Kategorie gefallen waren. Als *barbari* galten die außerhalb des griechisch-römischen Kulturkreises lebenden und damit von den zivilisatorischen Segnungen dieses Raumes ausgeschlossenen Menschen.

In der stetig nach unten verlaufenden »Anerkennungskurve« gab es nur einmal ein kleines Zwischenhoch. Das war in der Spätantike, als das Römische Reich zunehmend auf »barbarische« Hilfstruppen angewiesen war, um sich gegen die »echten« Barbaren zu verteidigen. Damals konnte *barbarus* auch ohne Wertung im Sinne von ›fremder Soldat‹ verwendet werden. Dass nicht wenige dieser angeworbenen Soldaten ihre Sache gut machten, sich »tüchtig« und »wacker« verhielten, lässt noch heute ein bekanntes italienisches Wort erkennen, das auch in der deutschen Sprache heimisch geworden ist: *bravo*, ›tüchtig‹, hat sich aus *barbarus* entwickelt.

Becircen

Wer sich von einer attraktiven Frau *becircen* lässt, erliegt ihrem »Zauber«. In der Tat steckt in dem Verb eine mythische Zauberin, Kirke, die Tochter des Helios und der Perse. Die früheste Kostprobe ihrer Künste, die eine Verwandlung von Menschen bewirken, gibt Kirke in der homerischen »Odyssee«. Sie empfängt eine Gruppe von Gefährten des Odysseus freundlich in ihrem Haus, lädt sie zum Gastmahl ein – und verwandelt sie mittels eines Zaubertranks in Schweine. Was fast noch schlimmer ist: Diese Schweine haben ein menschliches Bewusstsein.

Ein einziger Mann entkommt und kann Odysseus noch rechtzeitig davor warnen, sich ebenfalls von Kirkes Kunst becircen zu lassen. Eben das versucht die zauberhafte Dame auch prompt, indem sie »Odysseus auf ihr Lager zieht« (Ovid, Metamorphosen XIV 297). Der »große Dulder« ist nicht abgeneigt, nimmt Kirke aber zuvor den Eid ab, ihm keinen Schaden zuzufügen und seine Gefährten zurückzuverwandeln. Kirke schwört und hält Wort – und Odysseus bleibt ein volles Jahr bei ihr. Eine *love story*, die auch ohne Becircen ausgekommen ist.

Brutus

Marcus Iunius *Brutus* stellte sich im Bürgerkrieg auf die Seite des Pompejus, floh nach der Schlacht von Pharsalos (48 v. Chr.), wurde aber von Caesar, dem Sieger im Bürgerkrieg, begnadigt und sogar in seinen Freundeskreis aufgenommen. Caesar förderte ihn nach Kräften; er machte ihn zum Statthalter der Provinz Gallia Cisalpina, übertrug ihm die Prätur und stellte ihm sogar das Konsulat in Aussicht. Als er sich selbst jedoch zum *dictator* auf Lebenszeit ernennen ließ, ging Brutus zunächst innerlich auf Distanz und schloss sich dann der Verschwörung an, der Caesar an den Iden des März im Jahre 44 v. Chr. zum Opfer fiel.

Caesar konnte nicht damit rechnen, dass ein von ihm so geförderter Vertrauter aktiv an seiner Ermordung mitwirkte. Vor diesem Hintergrund ist sein berühmtes letztes Wort »Auch du, mein Brutus?« – so die Shakespeare-Fassung – durchaus glaubwürdig. Dem steht der Bericht Suetons gegenüber, Caesar habe während des Angriffes auf ihn kein einziges Wort gesagt. Einige überliefern jedoch, relativiert Sueton seine Feststellung, er habe mit Blick auf Brutus auf Griechisch *kai sy, téknon?* gerufen, »auch du, mein Sohn?« (Sueton, Caesar 82, 2). Dieser Version liegt das lateinische *et tu, Brute?* bzw. *et tu, mi fili?* (»auch du, Brutus?«; »auch du, mein Sohn?«) zugrunde.

In der Rezeption wird die Gestalt des Brutus ganz konträr gezeichnet. Die einen rühmen ihn als Tyrannenmörder, der das Wohl des Staates über seine persönlichen Gefühle stellt, die anderen brandmarken ihn als einen der schlimmsten Verräter der Weltgeschichte, gewissermaßen auf einer Ebene mit Judas. Der heutige Sprachgebrauch meint es nicht gut mit Brutus. Er gilt als Synonym für »Verräter« vor allem unter Freunden und engen Verbündeten in der Politik.

Chaos

Man schaut auf seinen Schreibtisch und stellt erschreckt fest: Ein *Chaos.* Man blickt auf einen sehr unbeständigen, wenig strukturierten Zeitgenossen und denkt kopfschüttelnd: ein Chaot. In beiden Fällen geht es um »eine riesige Masse, formlos und wüst (...), einen Haufen von schlecht verbundenen Dingen« – in dem einen Fall um einen materiell, im anderen Fall um einen geistig ungeordneten »Haufen«. Als solchen definiert Ovid in seiner Kosmogonie den Zustand der Welt, als selbst die Elemente noch nicht voneinander geschieden waren (Metamorphosen I 5 f.). Er hat mit dieser »Chaos-Theorie« die Rezeption und das moderne Verständnis des Chaotischen viel stärker beeinflusst als der griechische Dichter Hesiod, bei dem wir um 700 v. Chr. erstmals vom Chaos lesen – ebenfalls im Zusammenhang der Weltentstehung, aber eher im Sinne eines »gähnend leeren« Raumes, dessen Füllung die Weltschöpfung ausmacht (Theogonie 116 ff.).

Cháos leitet sich wahrscheinlich von *chaínein* ab, ›klaffen‹. Wer chaotisch strukturiert ist, mag sich damit trösten, dass Chaos von Hesiod als Urgott geschildert wird, der durchaus über schöpferisches Potential verfügt. Noch beruhigender scheint es, dass Ovid Chaos mit dem »Anfangs-Gott« Ianus gleichsetzt, dem Namensgeber des Januar. »Die Alten«, erklärt uns Ianus selbst, »nannten mich das Chaos – ich bin nämlich eine alte Gottheit« (Fasti I 104). Kein Zweifel für ihn, dass er eine dynamisch formende Kraft ist, die auf Veränderung drängt. Spätestens damit ist die Ehrenrettung für das chaotische »Wirrwarr« geschafft: Es kann göttliche Autorität beanspruchen und sogar darauf verweisen, abweichend von der landläufig eher negativen Konnotierung eine gesellschafts- und zukunftsfähige Wirkkraft zu sein.

Charisma

Charisma gehört innerhalb des griechischstämmigen Kulturwortschatzes eindeutig zu den Aufsteiger-Begriffen der letzten Jahrzehnte. Dabei ist er viel jünger als die meisten anderen Termini. *Chárisma* ist vor dem 2. Jh. n. Chr. literarisch nicht bezeugt; erst mit der paulinischen Theologie und dem Neuen Testament begann seine inhaltliche und terminologische Karriere. Das Wort ist mit *cháris*, ›Gefälligkeit‹, ›Lohn‹, ›Anmut‹ verwandt. Das Verb *charízesthai* bedeutet ›sich freundlich zeigen‹, ›einen Dienst oder Gefallen erweisen‹. Paulus versteht unter dem *chárisma* ein göttliches Gnadengeschenk, das sich in unterschiedlicher Konkretion zeigen kann: in der Ergriffenheit und Erleuchtung religiöser Führer, in Wunder- und Heilungskraft, besonderer Weisheit oder Auslegungskompetenz, im Geschenk der Prophetie und allgemein in einem wunderkräftigen Glauben. Als eine von Gott ausgehende und zu Gott zurückführende Kraft ist das Charisma rational nicht erfassbar, sondern eine mirakulöse Gnadengabe, die dem Beschenkten eine überirdische Autorität verleiht.

In diesem Sinne hat Charisma, vor allem von Max Weber in den sozialwissenschaftlichen Diskurs »eingespeist«, auch in die Politik und die politologische Debatte Eingang gefunden. Als charismatische Persönlichkeiten gelten Menschen mit besonderer Ausstrahlungskraft. Sie verfügen sozusagen über das gewisse Etwas, das viele andere emotional an sie bindet, bis hin zu quasi-religiösen Gefühlen, die dem charismatischen Politiker größere Autorität und Kompetenz zubilligen als seinen »Durchschnitts-Kollegen« auf der tagespolitischen Bühne. Sehnsucht nach Charisma birgt indes nicht unerhebliche Risiken, wie nicht nur das Beispiel des von manchen als charismatisch angesehenen »Führers« Adolf Hitler zeigt.

Gleichwohl ist ›Charisma‹ in letzter Zeit zu einer nicht unerheblichen Größe auch in der Personalführung geworden.

Betriebswissenschaftler haben jedenfalls den Begriff in ihr Repertoire aufgenommen; nicht wenige Headhunter sind auf der Jagd nach dieser Manager-Qualifikation, die die Motivation der Mitarbeiter in besonderer Weise beflügeln zu können scheint. Auch in den Medien ist ›charismatisch‹ zu einem Zauberwort geworden. Charismatiker sollen die nüchterne Alltagswelt durch Farbe, Abwechslung und Sinngebung bereichern. Und schon arbeitet der Zeitgeist an einer weiteren Trivialisierung des Charisma-Begriffs – wenn der »Charisma Grill« seinen Kunden charismatische Döner und »Pizza-Charisma« ähnlich charismatische Pizzen verspricht.

Chimäre

Es macht wenig Mut, wenn einem attestiert wird, diese oder jene Idee sei eine bloße *Chimäre*, ein Hirngespinst, das mit der Realität wenig zu tun habe, die Ausgeburt einer allzu ehrgeizigen Phantasie. Als ähnlich phantastisches Wesen konnten rational Denkende die mythische Chimäre auffassen: ein feuerspeiendes Fabelungetüm, dessen Mischgestalt – vorn Löwe, in der Mitte Ziege und hinten Schlange – nicht gerade seine Glaubwürdigkeit als realistisches Wesen unterstrich.

Die Chimäre also eine bloße Schimäre? Nicht für die, die dem Mythos eine höhere Wahrheit zubilligen und seine allegorische »Wirklichkeit« zu schätzen wissen. Und siehe da, ausgerechnet eine so empirisch-rationale Naturwissenschaft wie die Biologie kommt dem bedrängten Chimären-Anhänger zu Hilfe: Wenn Schaf und Ziege oder zwei andere Arten von Lebewesen sich kreuzen, dann sprechen die Biologen von einer ›Chimäre‹.

Chor

So schön ihr Gesang auch sein mag – bei manchen *Chören* hätte man schon gern etwas weniger Statik und deutlich mehr Bewegung. Aus kulturhistorischer Sicht wäre das kein Problem. Im Gegenteil. Die Griechen verstanden unter *chorós* einen mit Gesang verbundenen Reigen, einen Gruppentanz, bei dem auch die Chorlieder vorgetragen wurden. Die Einheit von Tanz, Gesang und Poesie ist konstitutiv für den Chor im griechischen Drama. Er bestand aus 12, später 15 und in der Komödie aus 24 Schauspielern. Ihrer Bedeutung angemessen war der Aktionsraum der Choreuten: Sie tanzten und musizierten in der zunächst viereckigen, später runden Orchestra zwischen Bühnenbau und Zuschauerraum. Die Blütezeit des Chores war das klassische Drama, in hellenistischer Zeit gewannen die Schauspieler-Protagonisten stark an Bedeutung.

Das lateinische Lehnwort *chorus* bezeichnet in der Regel eine ›Schar‹. Das können Philosophen sein, aber auch Sternbilder, die sich harmonisch bewegen. Das Christentum fasste den Begriff enger und bezog ihn auf eine ›Gemeinschaft von Lobpreisenden‹. Wenn er diesen Lobpreis Gottes als *chorus psallentium* der Kleriker und Mönche vollzog, stand der Kirchen-Chor entweder auf der Empore oder im Raum rund um den Altar. Dort wurde er zum architektonischen Namensgeber dieses Kirchenteils. Dass das feierliche Tedeum nicht mit tänzerischem Elan zelebriert wird, leuchtet ein. Während wir uns vom Choral keine Rückkehr zum altgriechischen Bewegungschor erwarten dürfen, keimt mit der »Choreographie« Hoffnung auf. Sie ist, wenngleich mittlerweile auch in übertragener Bedeutung geläufig, zuvörderst eine Regie des Tanzes.

Dämon

Die Etymologie des Wortes ist unsicher. Vielleicht leitet sich der griechische *daímon* von *daíein* ab; dann wäre er ein ›Verteilender‹ oder ein ›Zuteilender‹, eine Kraft, die dem einzelnen Menschen gewissermaßen ein Schicksal zuteilt. Auf jeden Fall verstanden die Griechen unter dem *daimon* eine überirdische Kraft von erheblichem Einfluss. Gelegentlich wird *daimon* mit ›Gott‹ gleichgesetzt, wenn man den göttlichen Verursacher eines Geschehens nicht mit Namen kennt. Häufiger werden Dämonen als Zwischenwesen und Vermittler zwischen Göttern und Menschen angesehen, als physische und psychische Wirkkräfte, die z.B. auch bei der Bestrafung von Missetaten im Spiel sind. Auch die Seelen der Toten melden sich als *daimones* und nehmen Einfluss. Schließlich kann der *daimon* auch ein persönlicher Schutzgeist sein. Unter seinem *daimónion* verstand Sokrates eine innere Stimme, mit der er regelmäßig kommunizierte und von der er sich beraten ließ. In der Natur wimmelt es nach griechischer Vorstellung geradezu von Dämonen, »Geistern« oder auch »Schutzgeistern«, die Macht über eine Örtlichkeit ausüben.

Dämonen können Gutes und Schlechtes bewirken. Sie sind keineswegs grundsätzlich dem bösen Prinzip verpflichtet. Im Ganzen überwiegt in der griechisch-römischen Antike ein positives Dämonen-Bild. Das änderte sich mit dem Christentum fundamental. Spätestens seit Augustin (354–430) galten Dämonen als gefallene Engel. Und damit als Gehilfen des Teufels – nach wie vor zwar eine Art von »Mittelgeschöpfen«, aber Hilfskräfte des Satans, die durch Abwehrmechanismen bis hin zum Exorzismus bekämpft und auf Abstand gehalten werden müssen.

Das heutige Verständnis von *Dämon* steht stark in der geistigen Tradition des Christentums. Der Dämon ist eine unerklärliche, meist als feindlich empfundene Macht. Beim Wirken dämonischer Kräfte fühlen wir uns mindestens unwohl, in der Regel aber angegriffen und suchen nach Schutz. Die »Dämonie der Macht« verbindet sich mit fataler Anziehungskraft, mit Besessenheit, auch mit einer Ambivalenz von schaudererregender Macht und Ohnmacht. Wenn Dämonen im Spiel sind, bleibt stets wie bei den Griechen etwas Unerklärliches, Unverfügbares, das sich menschlicher Rationalität entzieht und deshalb gespenstisch, unheimlich und potentiell gefährlich wirkt. Vielleicht sollten wir auf den Spuren der alten Griechen das Dämonische etwas weniger dämonisieren.

Damoklesschwert

Ein schönes Bild für das Gefahrenpotential, das auf Individuen, aber auch auf ganzen Gesellschaften lastet, die ohne angemessene Folgen-Analyse ins Risiko gehen. Wohlergehen und Wohlleben haben ihren Preis – er kann, wenn das *Damoklesschwert* herunterstürzt, sehr hoch sein.

Damokles war ein Höfling des Tyrannen Dionysios I. von Syrakus. Er machte seinem Herrscher artig Komplimente, pries ihn ob seiner Macht, seines Reichtums und der Unbeschränktheit seiner Mittel. Er kenne keinen glücklicheren Menschen auf Erden. Ob er sein Schicksal erproben wolle, fragte ihn Dionysios und erhielt die erwartete positive Antwort. Eines Tages ließ der Herrscher ihn zum Essen rufen. Alles um Damokles herum war luxuriös, die Kissen und Decken auf dem Speisesofa, die Möbel, das Tafelgeschirr, die Speisen und Weine, die Salben und Kränze. Die schönsten Sklaven bedienten ihn. Damokles kam sich vor wie im Paradies – bis Dionysios auf ein funkelndes Schwert mit scharfer Klinge zeigte, das direkt über der Kehle des scheinbar göttlich Tafelnden hing, und zwar nur an einem einzigen Pferdehaar. Das sei ein Sinnbild für seine Stellung und sein Lebensgefühl, ließ der Tyrann ihn wissen. Ob er mit ihm tauschen wolle? Damokles beeilte sich, von dem gefährlichen Speisesofa herunterzukommen. Cicero, der diese Geschichte vom – im Altertum wohl noch nicht sprichwörtlichen – Damoklesschwert erzählt, kommentiert: »Scheint dir Dionysios klar genug gesagt zu haben, dass nichts für den glückselig sein kann, über dem stets irgendein Schrecken schwebt?« (Gespräche in Tusculum V 62).

Danaergeschenk

Quidquid id est, timeo Danaos et dona ferentes (Vergil, Aeneis II 49) – mit diesen Worten lässt Vergil den trojanischen Priester Laokoon seine Mitbürger davor warnen, das hölzerne Pferd in ihre Stadtmauern zu ziehen, das die Danaer – ein anderer Name für die Griechen – bei der vermeintlichen Aufgabe ihrer Belagerung am Strand haben stehen lassen: »Was es auch ist, ich fürchte die Griechen, auch wenn sie Geschenke bringen.« Laokoon sollte recht behalten: Das Trojanische Pferd war ein echtes *Danaergeschenk*, ein »vergiftetes« Geschenk, das dem Beschenkten Unglück und Gefahr, mindestens aber Ungemach einbringt. Jedermann weiß um die fatalen Auswirkungen des »historischen« Geschenks. Aus dem hölzernen Pferd kletterten bei Nacht griechische Soldaten und brachten das lange vergeblich bestürmte Troja mit dieser Kriegslist in ihre Gewalt. Vergil hat das ›Danaergeschenk‹ mit seiner berühmten Sentenz gewissermaßen vorgeprägt, Seneca hat das metaphorische Werk vollendet, indem er den Begriff des *Danaum fatale munus* prägte, des ›fatalen Danaergeschenks‹ (Agamemnon 627 f.).

Danaidenfass

König Danaos von Argos hatte 50 Töchter. Sein Zwillingsbruder Aigyptos nötigte ihn dazu, diese an seine eigenen 50 Söhne zu verheiraten. Danaos ging zum Schein auf das »Angebot« ein, befahl seinen Töchtern aber, ihre Bräutigame in der Hochzeitsnacht zu töten. Bis auf eine leisteten sie ihrem Vater Gehorsam – und wurden für diese Freveltat zu einer furchtbaren Strafe in der Unterwelt verdammt. Die Danaiden gehören zu den großen Büßern, denen ähnlich wie Sisyphus und Tantalus ebenso unendliche wie vergebliche Arbeiten auferlegt wurden: Sie mussten unablässig Wasser in ein Fass mit Löchern schöpfen.

Das Danaidenfass ist also ein Bild für eine ebenso anstrengende wie im wahrsten Sinne des Wortes frustrierende (lat. *frustra* ›vergeblich‹) Mühe. Das Deutsche kennt die verwandte Vorstellung von einem »Fass ohne Boden«, und der moderne »Defizitsünder« Griechenland, die Heimat der mythischen Danaiden, gibt mit seinem Finanzgebaren den Euro-Partnern einen wunderbaren Anschauungsunterricht dafür, was ein Danaidenfass ist. Zumindest klingt das deutlich edler als das schnöde »Fass ohne Boden«.

Demagoge

Für die Athener des 5. Jh.s v. Chr. war ein *Demagoge* ein ›Volksführer‹ (*démos* ›Volk‹, *ágein* ›lenken‹), der sich dank seiner besonderen Redegabe für die Interessen des *démos* – oder jedenfalls einer großen Teilmenge davon – einsetzte, die Meinungsbildung mit seinen Beiträgen steuerte und die Richtung der Politik stark mitprägte. Demagogen waren politische Experten, die nicht unbedingt ein Amt ausüben mussten und insofern nicht rechenschaftspflichtig waren. Viele Demagogen entstammten der Oberschicht, doch verzichteten sie wohlweislich darauf, diese soziale Stellung vordergründig in politisches Kapital umzusetzen. ›Demagoge‹ war kein politischer Kampfbegriff, sondern meinte eine Funktionsbeschreibung, die im allgemeinen nicht negativ konnotiert war. Manche Politiker werteten es sogar als Kompliment, wenn sie als ›Führer des Volkes‹ bezeichnet wurden.

Als durchweg negativ besetzter Ausdruck für einen skrupellosen, mit Agitation, Hetze, Manipulation und Unwahrheiten operierenden »Volks-Verführer« etablierte sich der ›Demagoge‹ erst im frühen 19. Jh. Es war die politische Reaktion, die ihre Gegner, darunter z. B. die Burschenschafter, als Demagogen brandmarkte und als unseriöse »Volksschmeichler« gelegentlich sogar kriminalisierte. Diese pejorative Färbung hat sich bis heute erhalten, wobei ›demagogisch‹ teilweise durch das moderner klingende ›populistisch‹ ersetzt wird. Ein durchaus erstaunliches Phänomen, dass ›populistisch‹ in einer westlichen Demokratie geradezu zum Schimpfwort abgeglitten ist, obwohl es sich sprachlich vom Souverän eben dieser Demokratie, dem *populus* (›Volk‹), ableitet.

Demokratie

Eine politische Ordnung, »die sich nicht auf wenige, sondern auf die überwiegende Zahl stützt« – so definiert der athenische Historiker Thukydides die Verfassung seiner Heimatstadt (II 37). Das ›Volk‹ (*dḗmos*) an die ›Macht‹ (*krátos*) – was für den »demokratischen Westen« heute eine Selbstverständlichkeit ist, die sich möglichst auf alle Ebenen der Gesellschaft erstrecken sollte (»demokratische Prozesse«; »Demokratisierung«), war im Athen des 5. Jh.s v. Chr. eine echte historische Innovation, die gegen erhebliche Widerstände errungen werden musste. Diese Widerstände gingen von den Adligen aus, die auf eine jahrhundertelange Tradition des Regierens zurückschauten und sich selbst als die ›Besten‹ ansahen – auf Griechisch *hoi áristoi* – und davon leitet sich ›Aristokratie‹ ab. Legitimiert wurde der aristokratische Machtanspruch auch mit dem erheblich größeren Beitrag der Adligen zur Wehrhaftigkeit einer Polis. Nachdem Athen zu einer Seemacht aufgestiegen war, brauchte man zur Bemannung der Kriegsschiffe viele Ruderer. Und damit leisteten nun auch die einfachen Leute ihren Beitrag zur militärischen Stärke Athens – und forderten dementsprechend auch politische Mitwirkungsrechte ein. Wer den Kopf hinhält, muss mitbestimmen dürfen – dieser alte Grundsatz antiker »Wehrgerechtigkeit« wurde zum entscheidenden Motor in der »Demokratisierung« Athens.

Der Begriff selbst kam erst in der zweiten Hälfte des 5. Jh.s v. Chr. auf. Er löste einen Vorgänger-Begriff ab, der in der politischen Diskussion als *isonomía* gehandelt wurde – eine Verfassung, die jedem ›das Gleiche zuteilt‹ (*ísos*, *némein*). Man könnte ihn auch als ›Gleichberechtigung‹ übersetzen.

War die athenische Demokratie eine echte Volksherrschaft? Im Sinne der griechischen Definition des *démos* durchaus; in staatsrechtlicher Hinsicht bildeten nur freie erwachsene Männer das ›Volk‹. Frauen, Sklaven, Nichtbürgern und Kindern standen keine politischen Rechte zu – weshalb der antike *demokratia*-Begriff heute vielfach stark relativiert, ja sogar in seiner Berechtigung angezweifelt wird. Noch unhistorischer geht es eigentlich kaum. Statt in anachronistischer Weise »Demokratiedefizite« der athenischen Demokratie zu beklagen, könnte man ja auch einmal den Blick positiv darauf richten, wie weit die Athener die frühere Selbstverständlichkeit aristokratischer Regime hinter sich gelassen und wie mutig sie zu neuen Ufern politischer Partizipation aufgebrochen sind.

Deus ex machina

In verfahrenen Situationen kann man ihn gut gebrauchen: einen Menschen oder Umstand, der unerwartet zur Lösung der schwierigen Lage führt. Dieser sprichwörtliche Retter hat seinen Ursprung im griechisch-römischen Theater. Wenn nichts mehr »ging« und keine Aussicht mehr bestand, ein völlig verworrenes Handlungs- und Situationsknäuel zu entwirren, dann wurde mit Hilfe eines Krans ein Gott auf die Bühne gebracht, dessen Eingreifen dem Geschehen neue Impulse gab und die Blockade oder Ausweglosigkeit beendete: Der *deus ex machina*, ›der Gott aus der Maschine‹.

Dezember

Dezember und Dezimalsystem – das passt etymologisch zusammen. Beides geht auf das lateinische *decem*, ›zehn‹, zurück. Beim Dezimalsystem leuchtet das unmittelbar ein, beruht es doch auf der Grundzahl 10. Beim Dezember aber gerät man ins Stutzen: Er ist doch der zwölfte Monat! Grund für diese logische Ungereimtheit ist eine Kalenderreform der Römer, die wohl ins Jahr 153 v. Chr. fiel. Damals wurde der Jahresbeginn vom 1. März auf den 1. Januar vorverlegt. Das musste als Reform reichen. Ausdruck eines nicht untypischen römischen Traditionalismus war es, die alten Monatsnamen beizubehalten. Und seitdem ist bis in unsere Zeit der »zehnte« Monat der zwölfte.

Ähnlich fragwürdige mathematische Kunststückchen bieten der September (*septem* ›sieben‹), der Oktober (*octo* ›acht‹) und der November (*novem* ›neun‹). Während die ersten sechs Monate des Jahres nach alten römischen Gottheiten benannt sind, erweisen sich der Juli und der August als Doppelhommage an Iulius Caesar und seinen Adoptivsohn Octavian, den späteren Augustus.

Darauf sind die »Gurus« der ultimativen Diäten anscheinend noch nicht gekommen: Es gibt zwar unendlich viele Vorschläge, Konzepte oder gar »Philosophien«, wie man überflüssige Pfunde verlieren oder, noch besser, gar nicht erst ansammeln kann, aber der Blick in die griechischen und römischen Medizin-Annalen liegt jenseits des Horizontes der meisten Diät-Apostel. Dabei haben sich griechische Mediziner und Philosophen sehr eingehend mit der richtigen *díaita*, ›Lebensweise‹, befasst und bedenkenswerte Ratschläge zu einer gesunden Lebensführung gegeben, die auf der Beachtung von Ess- und Trinkgewohnheiten sowie einer Bewegungs- und Badekultur basierten. Das Schrifttum zur antiken Diätetik ist ausgedehnt. Schon damals meldeten sich auch Außenseiter zu Wort, die Diäten im Spannungsfeld zwischen innovativ und skurril vorschlugen, darunter die neugierig machende Wein-Therapie des Asklepiades von Bithynien (4. Jh. v. Chr.).

Die Diäten moderner Parlamentsabgeordneter gehen nicht auf das griechische *díaita* zurück, sondern auf das lateinische *dies* ›Tag‹. Es sind »Tagegelder«, die ursprünglich als Ausgleich für das Arbeitsentgelt dienten, das man in seinem Beruf erhalten hätte, wenn man nicht als Volksvertreter tätig gewesen wäre. Solche Aufwandsentschädigungen kannte auch schon die athenische Demokratie. Mitte des 5. Jh.s v. Chr. wurde erstmals ein Sold (*misthós*) für die Ratsmitglieder eingeführt. Bald schon wurde die Ersatzzahlung auf die Geschworenen in den Gerichtshöfen und die Teilnehmer von Volksversammlungen ausgedehnt. Sogar diejenigen, die an offiziellen Festen und Theateraufführungen als Zuschauer teilnahmen, bekamen diesen ›Sold‹. Reich konnte man von diesen ›Diäten‹ nicht werden. Ihre Höhe orientierte sich an dem Einkommen von Lohnarbeitern. Aber es war, auch wenn die Aristokraten dagegen Sturm liefen, eine wunderbar konsequente Ausgestaltung der athenischen Demokratie. Wer mehr Partizipation wollte, musste einen Anreiz schaffen – und den aktiven Bürgern mindestens ihren Verdienstausfall ersetzen. Vielleicht sollten sich Kritiker moderner Abgeordneten-Diäten ebenso wie »Spezialisten« körperbezogener Diäten noch einmal in der Antike umschauen.

Diktatur

Während die Moderne unter der *Diktatur* eine usurpierte, häufig gewaltsame Willkürherrschaft ohne Legitimation versteht, war die *dictatura* im alten Rom ein reguläres Amt – allerdings schon eines mit außergewöhnlichen Befugnissen, die ihm eine Sonderstellung verschafften. Ein *dictator* wurde für eine genau umrissene Sonderaufgabe eingesetzt. Das konnte eine bestimmte kultisch bedingte Handlung, das konnte aber auch eine Not- oder Kriegszeit sein, in der es einer besonders straffen, zügigen Führung bedurfte. Im Unterschied zu allen anderen Magistraten hatte der *dictator* keinen einspruchsberechtigten Kollegen. Im Gegenzug war seine Berufung auf maximal sechs Monate limitiert – die Hälfte der üblichen einjährigen Amtszeit. Und er musste von sich aus zurücktreten, wenn seine Aufgabe erledigt war.

Eben daran dachte Caesar nicht einmal im Traum, nachdem er die Macht an sich gebracht und sich zum *dictator perpetuus*, ›auf Lebenszeit‹, hatte ausrufen lassen – im Unterschied zu Sulla, der sich ein paar Jahrzehnte zuvor ebenfalls zum *dictator* geputscht hatte, aber freiwillig zurückgetreten war, nachdem er den Staat in seinem Sinne neu geordnet hatte. Sulla habe sich damit, so urteilte Caesar vollmundig, »wie ein Erstklässler aufgeführt« (*libros nescisse:* Sueton, Caesar 77, 1). Er selbst freilich erhielt an den Iden des März 44 v. Chr. die brutale Quittung für seine »Neudefinition« der *dictatura*. Der *dictator* fiel einem Attentat zum Opfer – und hatte in der Folgezeit das zweifelhafte historische Verdienst, den Diktatur-Begriff der Neuzeit nachhaltig mit vorbereitet zu haben.

Dionysisch

Mit einem *dionysischen* Fest erweist man dem griechischen Weingott Dionysos seine Reverenz. Dass es dabei fröhlich und ausgelassen zugeht, liegt nahe – und das wird durch das dionysische Flair ausgesagt. Freilich eher noch ein bisschen mehr: ›Rauschhaft‹ und ›wild‹ gehören ebenfalls zu den Synonymen von ›dionysisch‹. Durch Friedrich Wilhelm Schelling, besonders aber durch Friedrich Nietzsche wurden ›apollinisch‹ und ›dionysisch‹ als Gegensatzpaar populär. Während Apollo für Ordnung und Form steht, ist Dionysos gleichsam der Schutzpatron des Ungebärdigen, Chaotischen. Eine Bipolarität, die sich in der theoretischen Systematik zwar sauber trennen lässt, die aber in der Lebenspraxis gar nicht so selten aufgehoben wird. »Wer die Musen liebt«, sagt Horaz und bezieht sich auf die neun Wesen, die Apollo am nächsten stehen, »der wird als ihr Sänger begeistert zu neun Weinkelchen greifen« (Oden III 19, 13 ff.). Und auch anderswo outet sich der apollinische Sänger als Verfechter des dionysischen »Prinzips«. Ein Frühlingsfest mit reichlichem Weingenuss – das bedeutet für Horaz ein Stück Lebensqualität, da bekennt er, dass »es am rechten Ort süß ist, sich unvernünftig gehen zu lassen« (*dulce est desipere in loco*; Oden IV 12, 28).

Drakonisch

Wenn schlimme Verbrechen die Öffentlichkeit aufschrecken, ist der Ruf nach *drakonischen* Strafen nicht weit, wenn Dinge ganz schlecht laufen, werden gern drakonische Maßnahmen verlangt, damit die Verantwortlichen endlich merken, dass es so nicht weitergehen darf. Das Synonym für ›streng‹, ›unerbittlich‹ geht auf den athenischen Gesetzgeber Drakon zurück. Unter seiner Ägide wurde das bestehende Recht im Jahre 621 v. Chr. erstmals aufgeschrieben. Mochten Drakons Gesetze »mit Blut geschrieben« sein, wie ihm manche Kritiker vorwarfen, so war die Rechtskodifikation als solche ein großer Fortschritt. Denn auf diese Weise wurde erstmals eine Rechtssicherheit hergestellt, die sich auf schriftliche und damit nachprüfbare Regeln gründete und der Willkür adliger Justiz Schranken setzte. Diese positive Leistung Drakons verschwindet indes in der Rezeption ganz hinter der tatsächlichen oder vermeintlichen Härte »seiner« Gesetze. Wie gut jedoch, dass auf sprachliche Schnitzer keine drakonischen Strafen stehen – sonst kämen nur die davon, die sich trauten, statt der falschen Bildung ›drakonisch‹ die richtige, nämlich ›drakontisch‹ zu vertreten (Stamm: *drakont-*).

Drama

Wir sprechen von Eifersuchtsdramen und dramatischen Unglücken. *Drama* hat nicht immer, aber doch meist einen negativen Klang; der »dramatische Sonnenaufgang« und die »dramatische Komposition« führen ein Schattendasein gegenüber »dramatischen Zuspitzungen«, dem »dramatischen Hilferuf« oder der »dramatischen Rettungsaktion«. Drama und »Unglück« liegen für uns eng beisammen. Bei den Griechen war das alles viel undramatischer. Sie verstanden unter *dráma* eine ›Tat‹, eine ›Handlung‹ oder ein ›Schauspiel‹. Das Verb *dran* bezeichnet ein ›Tun‹ oder ›Ausführen‹ ohne jede dramatische Konnotation. Wenn im griechischen Theater Dramen angekündigt wurden, so wusste man grundsätzlich nicht, ob man lachen oder weinen würde. Darüber entschied erst die Differenzierung des Oberbegriffs ›Drama‹ in ›Komödie‹ bzw. ›Tragödie‹.

Elegisch

Eine *elegische* Stimmung verbinden wir mit Wehmut und Melancholie, jedenfalls nicht mit Heiterkeit, Unbeschwertheit und sinnenfrohem Lebensgenuss. Mit der antiken literarischen Gattung der Elegie hat dieses Verständnis des Elegischen nur bedingt zu tun. Die Etymologie der ›Elegie‹ ist umstritten; ob *élegos*, ›Trauerlied‹, Pate gestanden hat, ist nicht sicher. Wohl aber, dass die Elegie von Anbeginn ein vielseitiges Genus war, das sich zwar metrisch festlegen lässt (Wechsel von Hexameter und Pentameter: das sog. elegische Distichon), nicht aber thematisch. Die ältesten elegischen Dichtungen stammen aus dem 7. Jh. v. Chr. Sie gehörten zur sympotischen Literatur, waren also Lieder, die mit Flötenbegleitung beim Gastmahl (*sympósion*) vorgetragen wurden: Appelle an die Kampfgefährten, Reflexionen über Politik, spöttische Darlegungen, mitunter auch erotische Stoffe.

Im Hellenismus war Kallimachos der bedeutendste Vertreter der Elegie. Seine thematische Mischung aus Gelehrsamkeit, Mythologie und Erotik beeinflusste die römische Dichtung stark. Gleichwohl brachten die Römer eine eigene Gattung hervor, die »subjektive Liebeselegie«, deren wesentliche Vertreter Catull, Properz, Tibull und Ovid waren. Auch wenn die Elegiker gelegentlich unerotische Stoffe behandelten, darf man doch von einer deutlichen Dominanz amouröser Poesie sprechen. Und die schwankte geradezu naturgemäß zwischen sehr unterschiedlichen Gefühlen, vom Jubel bis zur resignativen Klage einschließlich der Beschreibung ›elegischer‹ Stimmungen. Aber das war nur eine von vielen Gemütsverfassungen, zu denen sich die lateinischen Liebesdichter bekannten. *Ihr* Spektrum war deutlich breiter, als es die einengende Begriffs-Rezeption suggerieren könnte.

Elysium

Mit elysischen Gefilden verbinden wir paradiesische, himmlische Gefühle. In der Tat war das *Elysium* ursprünglich ein Paradies für Heroen, Halbgötter, die, anstatt zu sterben, ins Elysium entrückt wurden. Merkmal des Elysiums war ein ideales frühlingshaftes Klima ohne Regen und Schnee. Die verwandte Vorstellung von den Inseln der Seligen wurde im Laufe der Zeit mit den elysischen Gefilden verschmolzen. Mindestens ebenso wichtig waren die allmählich erweiterten Aufnahmekriterien für das »nachirdische« Paradies. Unabhängig vom Staatskult, der dem einzelnen keine Hoffnung auf ein Weiterleben machte oder gar Garantien dafür gab, entwickelte sich ein – von privaten Mysterienreligionen geförderter – meist diffuser Jenseitsglaube, der dem Gerechtigkeitssinn der Menschen entgegenkam: Stand denen, die ihr Leben rechtschaffen geführt hatten, in der Zeit danach nicht als Belohnung ein besseres Schicksal zu? Von dieser Vorstellung aus lag es nahe, dass sich die charakterlich Bewährten die Aufnahme ins Elysium ausrechneten oder zumindest wünschten.

Die Römer übernahmen das Elysium – die Vorstellung und den Begriff – von den Griechen. Die antike Verortung hat allerdings mit unserer himmlischen Lokalisierung nichts zu tun. Vergil jedenfalls siedelt das Elysium in der Unterwelt an. In der Begleitung der wahrsagenden Sibylle kommt Aeneas dort an eine Weggabelung, an der es rechts in das Elysium und links in den »ruchlosen Tartarus« geht (Aeneis VI 540ff.). Anchises, sein Vater, weilt natürlich »im Kreise der Pflichtbewussten im lieblichen Elysium« (ebd. V 734f.) – dort, wo selbst Liebesdichter aufgenommen zu werden hoffen: »Wenn wirklich von uns etwas außer dem Namen und Schatten übrig bleibt, dann wird Tibull im elysischen Tale sein« (Tibull III 9, 59f.). Wer auf das *Elýsion pedíon* Homers und die *campi Elysaei* der Römer noch zu Lebzeiten einen Blick werfen will, der sollte nach Paris fahren. Dort hält ein Prachtboulevard die Erinnerung ans Elysium wach: Die *Champs Élysées*.

Emanzipation

Ein Zauberwort unserer Zeit: *Emanzipation* ist ein weithin positiv gehandelter Begriff. Nachdem die Frauen-Emanzipation als gesellschaftliches Ziel weitgehend anerkannt und erreicht ist, bleibt noch eine Menge Emanzipationsarbeit auf anderen Feldern zu tun: Im Bildungsbereich etwa, wo emanzipatorische Pädagogik eine dauerhafte Verpflichtung ist. Für die Römer war *emancipatio* ein nüchterner juristischer Terminus. Eine – von Lateinbüchern selten vermittelte – Bezeichnung für einen Sklaven war *mancipium*. Darunter verstand man eine Person, die man gewissermaßen ›mit der Hand gegriffen‹ (*manus* ›Hand‹, *capere* ›greifen‹) und so unter seine Herrschaft gebracht hatte. Das Neutrum als Geschlecht des Wortes spiegelt den partiellen Sachcharakter des Unfreien. Auch Söhne unterstanden der *manus* des Vaters. Wenn sie aus diesem Rechtsstatus entlassen werden sollten, dann musste der Vorgang der »Handergreifung« rückabgewickelt werden: Jemanden *e manu*, ›aus der Hand‹ lassen, bezeichnet den formalen Akt. Die *emancipatio* ist mithin die Befreiung aus der Hand eines anderen – insofern ein ganz anschaulicher und noch heute in seiner Bildhaftigkeit überzeugender Begriff, um eine Loslösung aus Abhängigkeit, Unmündigkeit und Fremdbestimmtheit zu bezeichnen.

Enthusiasmus

Wer sich enthusiastisch über eine Sache äußert, ist von ihr begeistert und gerät ins Schwärmen. Die Substantive ›Enthusiast‹ (Schwärmer), und *Enthusiasmus* (Verzückung, Begeisterung) haben weithin ausgedient. Vielleicht passen sie nicht so recht in eine Zeit, in der Nüchternheit und vor allem *coolness* »angesagt« sind. Von der ursprünglichen Bedeutung des Wortes hat sich die moderne Sprachverwendung schon lange verabschiedet. Es war nämlich ein regelrechtes Erfülltsein von Gott (gr. *éntheos* ›der Gott drinnen‹), das den Enthusiasten zunächst ausmachte, ein Zustand, der durch eine Einwirkung der Gottheit hervorgerufen werden oder in einem Menschen selbst als besondere Kraft angelegt sein konnte. Der Enthusiasmierte verspürt einen Gott oder dessen Wirkung in sich und gelangt dadurch häufig in einen ekstatischen Zustand, bei dem er aus seiner gewöhnlichen Verfasstheit »heraustritt«. Diese Form des Enthusiasmus kann durch Dämpfe oder Narkotika, aber auch durch Speisen und Getränke eintreten. Am bekanntesten ist die Trance der delphischen Pythia. Die Priesterin, die ihre Weissagungen in der 1. Person formuliert, ist als *éntheos*, ›vom Gott Erfüllte‹, das Medium Apollos. Das Kauen von Lorbeerblättern und das Einatmen von Weihrauchdämpfen dienten als Auslöser; die entscheidende Kraft, die die Priesterin enthusiasmierte, war aber wohl die Autosuggestion.

Die christliche Deutung dieses »heidnischen« Enthusiasmus ist die der Besessenheit; aus christlicher Sicht hatte sich ein böser Dämon der Pythia bemächtigt. Dem steht als Positiv-Entwurf der Enthusiasmus des gläubigen Christen gegenüber, der vom Logos Gottes bis zur Verzückung durchdrungen ist. Freilich ist die Grenze zwischen dieser erstrebenswerten Durchdringung und einer abzulehnenden ekstatischen Schwärmerei schwierig zu ziehen: »Übertreibungen« des Enthusiasmus können durchaus als Ketzertum bewertet und sanktioniert werden – wobei manche heutige Kirchenkritiker eher eine zu große Nüchternheit vieler Christen einschließlich der Geistlichen beklagen und sich nach etwas mehr Glaubensenthusiasmus sehnen.

Epigone

Sage keiner, dass von Büchern kein Einfluss ausgehe! Kurt Immermanns 1836 erschienener Roman »Die Epigonen« sowie die Besprechung des Werkes durch Theodor Mundt waren verantwortlich dafür, dass *Epigonen* heutzutage keinen besonders guten Ruf genießen. Als schwache, unbedeutende Nachfolger erscheinen sie, als Nachahmer, die kein eigenes kreatives Potential, keine Vision, keine Autorität aus sich heraus besitzen. Was sie produzieren, ist ein Abklatsch des künstlerisch oder politisch Bedeutsamen. Man kann Mitleid mit ihnen haben.

Diese pejorative Bedeutung der *epígonoi*, ›Nachgeborenen‹, kannten die Griechen nicht. Sie verwendeten den Begriff beschreibend, nicht negativ wertend. Im Mythos waren die ›Epigonen‹ die sieben Söhne jener Helden, die als die »Sieben gegen Theben« in die Geschichte eingingen. Ihnen, den Vätern, gelang die Eroberung der feindlichen Stadt nicht, ihren ›epigonalen‹ Söhnen indes sehr wohl. Desweiteren sind die *epigonoi* als »Truppe« jener jungen Perser bekannt, die Alexander der Große in Verfolgung seiner »Verschmelzungspolitik« griechisch erziehen ließ – auch nicht gerade eine »epigonale« Gesellschaft, die die Verachtung der Weltgeschichte verdient hätte.

Erst in der Neuzeit wurde ein neuer spezifischer Begriff kreiert, mit dem die zweite Generation der Herrscher nach Alexander als Epigonen bezeichnet wird, die Söhne der als Diadochen bekannten ersten Erben und Nachfolger des makedonischen Reichsgründers. Im Zusammenhang mit dem Immermannschen Epigonen-Begriff haben sie kaum eine Chance, das Image als »degenerierte« Nachfahren und Nacheiferer eines »Genies« loszuwerden – obwohl sie, etymologisch gesehen, eigentlich von der »Gnade der späten Geburt« profitieren müssten.

Epikureer

Zu wundern braucht man sich nicht über die Vulgär-Rezeption einer Philosophie, die die ›Lust‹ (gr. *hedoné*) als höchstes Gut auf der Suche nach dem Lebensglück definiert. Da wird dann der *Epikureer* zum »Genussmenschen«, zu einem lebenslustigen Anhänger mehr oder minder ungehemmten Sinnengenusses. *So* hatte es der Weisheitslehrer Epikur (342/1–271/0 v. Chr.) nun gerade nicht gemeint. Seine Ethik zielt zwar auf die Lust ab, die er als Abwesenheit körperlichen Schmerzes und geistiger Verwirrtheit versteht, doch gilt es stets für ihn, vernünftig abzuwägen, ob sich ein gesteigertes Lustgefühl lohnt, wenn sich als Folge davon Unlustgefühle abzeichnen. Dieses »Lustkalkül« wird den Weisen im Sinne der epikureischen Lehre von falschen, dem Augenblick verhafteten Genüssen abhalten. Wahrer epikureischer Hedonismus erweist sich in seelischer Ausgeglichenheit, nicht in einem Schlemmerleben, das auf das Morgen keine Rücksicht nimmt. Es gilt gewissermaßen das Lustprinzip mit Nachhaltigkeitsfaktor.

Freilich hat es schon in römischer Zeit Luxus-Jünger gegeben, die sich unter das scheinbar schützende philosophische Legitimationszelt Epikurs geflüchtet haben, so dass *Epicureus* durchaus schon die Bedeutung ›Wollüstling‹ oder ›Schlemmer‹ haben konnte. Ganz unschuldig ist auch der Dichter Horaz an dieser Negativ-Variante nicht, wenn er sich selbstironisch als »fett, glänzend mit wohlgenährter Haut« und gleichzeitig als *Epicuri de grege porcus* charakterisiert, als »Schwein aus der Herde Epikurs« (Briefe I 4, 15f.). Angesichts mancher seiner

Gefolgsleute kann man den Begründer der ernstzunehmenden epikureischen Philosophie nur noch mit einem Paradoxon in Schutz nehmen: Epikur war kein Epikureer.

Epische Breite

Da stellt jemand einen Sachverhalt differenziert und ausführlich dar – und wird wegen der *epischen Breite* seiner Ausführungen schräg angesehen. Zeit ist ein kostbares Gut, deshalb fasse dich kurz – das ist die Lektion, die wir allerorten verabreicht bekommen. Das war in der »guten alten Zeit« der homerischen Epen ganz anders. Die Zuhörer genossen es, wenn der fahrende Sänger-Dichter die Hintergründe und Handlungen ausladend darstellte, wenn er zu Wiederholungen neigte und mit breit angelegten Schilderungen anschauliche Vorstellungen evozierte. Er tat das mündlich – und dem mündlichen Vortrag werden eher eine gewisse Ausführlichkeit und wiederholende Elemente zugestanden als der schriftlichen Form, die möglichst konzis sein soll. Und heute? Von wahrhaft erzählenden Breitrednern, die uns die Zeit zu stehlen scheinen, wollen wir nichts wissen; umso mehr huldigen wir den rhetorischen Langweilern, die ihre Powerpoint-gestützten Texte ablesen – manchmal übrigens durchaus in epischer Breite, aber zumindest medial auf der Höhe der Zeit.

Eros

Ein ambivalenter Begriff – in der Neuzeit wie im Altertum: Wenn wir vom »*Eros*-Center« sprechen, denken wir an körperlichen Sex, wenn dagegen vom »pädagogischen Eros« die Rede ist, bezieht sich das auf ein »sublimiertes« Streben, Schüler nach Kräften und nachhaltig mit einer gewissen idealistischen Grundhaltung zu fördern. Jeder, der den pädagogischen Eros in sich wirken spürt, wäre empört, wenn man ihm auch nur ansatzweise ein triebhaftes Verlangen unterstellen würde.

Das Spektrum des griechischen Eros und des römischen Amor ist ähnlich breit. Eros und Amor gelten als mächtige Wirkkräfte, die die Menschen durch sinnliche Tyrannei zu unterjochen vermögen. So klein sich der sexuell stimulierende Eros macht, wenn er sich als geflügelter Knabe mit Fackel, Pfeil und Bogen verkleidet darstellen lässt – als Putte, die ikonographisch das Vorbild für die christlichen Engel-Darstellungen abgab –, so unbarmherzig und zielstrebig ist er, wenn er sich ein »Opfer« erkoren hat. Gegenwehr ist sinn- oder jedenfalls aussichtslos. Eros/Amor wird erreichen, was er sich vorgenommen hat – und sich, wenn er keine Lust mehr hat, mit Hilfe seiner Flügel schnell aus dem Staub machen. Er ist ein irrationaler, unberechenbarer, unzuverlässiger Geselle. Die römische Liebeselegie entfaltet eine Bandbreite des Erotischen, die von ungestümem sexuellem Verlangen bis zur zärtlichen Hinwendung reicht.

Es war Platon, der eine Neukonzeption des Eros schuf, die sich neben – nicht anstelle – der tradierten sexuell dominierten Eros-Vorstellung durchsetzen sollte: Die Idee eines ›erotischen‹ Wirkungsprinzips, das auf das Gute, Schöne und Unsterbliche abzielt – eine geistige Schau, die sich von körperlichem Verhaftetsein löst und zu einem mächtigen idealistischen Movens umgedeutet wird. Diese Neudefinition hat ihren modernen Niederschlag im Begriff der »platonischen Liebe« gefunden, die zwar durchaus die Beziehung zwischen zwei Menschen meint, das sexuelle Verlangen indes ausklammert. Möglicherweise reicht der idealistische Arm Platons so weit, dass noch heute ›erotisch‹ positiver konnotiert ist als ›sexuell‹, insofern dem Eros gegenüber dem »plumpen« *sexus* größere Sensibilität, Kultiviertheit und Feinfühligkeit attestiert wird.

So stark die Antike die Rezeption des Eros/Amor und des

sexus auch gesteuert haben mag, eines muss man vielleicht auch einmal ganz deutlich feststellen: Die Ehre von Tempeln und Altären haben weder die Griechen dem Eros noch die Römer dem Amor erwiesen.

Eulen nach Athen

Wer Selbstverständliches, ja Unnötiges tut, der trägt *Eulen nach Athen*. Zum ersten Mal begegnet uns die Metapher in der 414 v. Chr. aufgeführten Aristophanes-Komödie »Die Vögel«. Schon dort fragt Euelpides ungläubig-erstaunt, »wer denn Eulen nach Athen gebracht hat« (V. 301). Das kommt ihm reichlich merkwürdig vor, denn nirgendwo sonst war die Eule ohnedies schon so präsent wie dort. Zum einen in der physischen Erscheinung, da in Athen viele Eulen hausten – die Abhänge der Akropolis boten ihnen hervorragende Nistplätze. Und zum anderen, weil sie als Wappentiere der Stadtgöttin Athene auf allen Münzen der attischen Metropole abgebildet waren. Athenisches Geld konnte man schlicht als ›Eulen‹ bezeichnen. Wer demnach nichts Neues zu bieten hat, sondern auf Altbekanntes zu sprechen kommt, der trägt metaphorisch Eulen nach Athen.

»Solange ich lebe, habe ich nichts zu befürchten, denn ich fühle mich frei von jeder Schuld«, schreibt Cicero seinem Bekannten A. Torquatus im Januar 45 v. Chr., »und wenn ich nicht mehr bin, fühle ich überhaupt nichts mehr« – ein Gedanke, den Cicero an vielen Stellen seines umfangreichen Œuvres äußert. Das fällt ihm denn auch ein und er korrigiert sich mit den Worten: »Aber das brauche ich *dir* ja nicht zu sagen – schon wieder Eulen nach Athen!« (Briefe an seine Freunde VI 3, 4).

Exempel

Wenn jemand ein *Exempel* statuiert, dann meint er es ernst, dann will er durch ein abschreckendes Beispiel andere warnen. Nur in dieser Verbindung erinnert das Exempel noch an seinen römischen Ahnen, das *exemplum*. Denn ansonsten verwenden wir ›Exempel‹ im Sinne eines erläuternden Beispiels; man greift eines aus einer Vielzahl heraus. Im Englischen ist das *exemplum* noch stärker verflacht; *e.g.* (*exempli gratia*) bedeutet dasselbe wie ›z.B.‹ (zum Beispiel) im Deutschen.

Im römischen Denken kam den *exempla* dagegen vielfach eine normativ-pädagogische Bedeutung und Kraft zu. Eine fast unüberschaubare Fülle an historischen *exempla* flankierte und pflasterte den Lebensweg des Einzelnen, je gründlicher seine Ausbildung und je größer seine Ambitionen in der gesellschaftlichen Rangordnung waren. Lehrer und Professoren, Rhetoren und Philosophen rekurrierten ständig auf *exempla*. Sie waren unabdingbare Bestandteile jeder Lehre, Erziehung und Argumentation im öffentlichen Raum. Sehr häufig wird dabei das nachahmenswerte *exemplum* als »Vorbild« herangezogen; seltener sind die *mala exempla*, ›Negativ-Beispiele‹ dafür, wie man sich nicht verhalten sollte. Diese Orientierung an historischen Mustern, Musterlösungen und Musterverhaltensweisen stabilisierten den *mos maiorum*, ›die Sitte der Vorväter‹. Sie gaben Orientierung, zielten dabei bewusst auf die Stärkung der Tradition und ermunterten nicht gerade zur Innovation. »Literatur, Philosophie und Geschichte sind voll von *exempla*«, stellt Cicero fest und bringt deren didaktische Bedeutung für die Gesellschaft so auf den Punkt: »Welch große Zahl von Bildern – nicht nur zum Anschauen, sondern auch zur Nachahmung –, Bildern hervorragender Männer, haben uns griechische und römische Autoren hinterlassen!« (Rede für Archias 14).

Tatsächlich erfreuten sich *exempla*-Sammlungen als literarisches Genus großer Beliebtheit. Sie dienten angehenden Politikern und Rednern als Handbücher, aus deren reichem Erfahrungsschatz sie sich bequem bedienen konnten. Von dieser literarischen Gattung ist nur das Werk des Valerius Maximus (1. Jh. v. / 1. Jh. n. Chr.) erhalten. Unter dem Titel »Taten und Aussprüche berühmter Männer« hat Valerius dort 636 »heimische« (römische) und 320 ausländische *exempla* zusammengestellt. Einer ist indes beim Potpourri der 1000 Exempel stets dabei: der erhobene Zeigefinger.

Familie

Ist die *Familie*, definiert als Gemeinschaft von Eltern und Kindern, die Keimzelle des Staates? Die Römer hätten nein gesagt, nein sagen müssen, weil sie unter *familia* etwas anderes verstanden. Für sie war die *familia* eine Hausgenossenschaft, die erheblich mehr Personen umfasste als die moderne Kleinfamilie: Neben den Eltern alle Töchter und Söhne unabhängig von ihrem Alter, alle Sklaven, die mit ihnen unter einem Dach lebten, und selbst das Vieh und der übrige Besitz waren insofern Teil der *familia*, als alle und alles der *patria potestas* unterworfen waren. Diese ›väterliche Gewalt‹ des *familia*-Oberhauptes (*pater familias*) endete erst mit seinem Tode; sie bestand auch für die Söhne fort, die eine eigene Familie gründeten. Zu den Privilegien des Hausvaters gehörten nicht nur das Züchtigungsrecht und die Verfügungsgewalt über die gesamte *res familiaris* (Familienvermögen), sondern auch die Entscheidung darüber, jemanden in die Familie aufzunehmen oder aus der Familie auszustoßen. Trennte er sich von seiner Frau, so bedeutete das für sie den Ausschluss aus der *familia*, erkannte er Kinder seiner Ehefrau nicht förmlich als die seinen an, so waren sie nicht Teil der *familia*. Im juristischen Sinne gehörte die Ehefrau freilich nur dann der *familia* an, wenn die Ehe *in manu* geschlossen war und die Frau damit ›in der Hand‹ – gewissermaßen unter der Vormundschaft – des *pater familias* war. Sie hatte bei der Eheschließung allerdings die Option, in der *manus* ihres Vaters zu bleiben – und für diese größere Freiheit entschieden sich schon in der Zeit der Republik immer mehr Frauen.

Faschismus

Auch wenn man zögert, *faschistisch* und *Faschismus* in einen Kultur-Wortschatz aufzunehmen – *so* bekannt ist die Herkunft der Begriffe nicht, als dass man darüber hinweggehen könnte. Das lateinische Ursprungswort *fasces* bezeichnet die ›Rutenbündel‹, die Amtsdiener (Lictoren) hohen Beamten in der Öffentlichkeit vorantrugen. Aus den mit roten Riemen geknüpften Bündeln ragte ein Beil heraus. Ruten und Beil symbolisierten die Amtsgewalt, die der Magistrat notfalls mit diesen »Accessoires« durchsetzen konnte. Für Rom galt das allerdings aufgrund des gesetzlich verbrieften Provokationsrechts römischer Bürger nicht, so dass dort die *fasces* ohne Beile geführt und bei Volksversammlungen sogar gesenkt werden mussten. Auch wenn das tatsächliche Züchtigungsrecht der Beamten auf diese Weise stark eingeschränkt war, galten die *fasces* als Sinnbild römischer Macht – und wurden von den italienischen Faschisten usurpiert, um neben der Machtsymbolik auch den Anspruch auf die »Nachfolge« der großen Vergangenheit Roms zu legitimieren. Noch heute findet sich in Italien – z.B. an den Repliken der Kaiserstatuen auf der *Via dei Fori Imperiali* in Rom – die inschriftliche Datierung *a fascibus renovatis*, ›seit der Erneuerung der *fasces*‹ im Jahre 1922, der Machtergreifung Mussolinis.

Faszination

Ein Begriff, der eine deutliche Aufwertung erfahren hat: Wenn uns etwas *fasziniert*, dann wirkt es in aller Regel attraktiv auf uns. Es bezaubert uns auf eine Weise, die wir als angenehm empfinden. Die Römer verstanden unter *fascinum* dagegen einen bösen Zauber, eine ›Verhexung‹. Das Verb *fascinare* drückt ein ›Beschwören‹ und ›Behexen‹ mittels böser Blicke oder missgünstiger Zauberformeln aus. Solche Neid-Attacken lauerten überall – und deshalb empfahl sich eine prophylaktische Gegenwehr vorwiegend in Form von Amuletten. *Fascinum* bezeichnete daher auch das Gegenmittel, mit dem man der Verhexung entging. Eines der beliebtesten Schutzmittel gegen neidische *fascinatio* war die Nachbildung eines Phallus, der gewissermaßen personifiziert auch grammatisch das männliche Geschlecht annimmt und zum *fascinus* wird. Selbst Triumphatoren, die wegen ihrer Jupiter-ähnlichen Stellung während der Triumphfeierlichkeiten besonders missgunstgefährdet waren, genossen den Schutz eines Phallus-Amuletts: Es hing als *medicus invidiae*, ›Arzt gegen Neid‹, unter dem Triumphwagen (Plinius, Naturgeschichte XXVIII 39). Faszinierend!

Ferien

Die *Ferien* verdanken wir zumindest in sprachlicher Hinsicht den Römern. Was den Gehalt angeht, hat sich einiges geändert. Unter *feriae* verstanden die Römer Feiertage, an denen man alle profanen, d. h. ›vor dem Tempel liegenden‹, gemeinen Tätigkeiten einstellte und stattdessen Rituale zu Ehren der Götter beging. Da die Arbeit ruhte, kam auch Festtagsstimmung auf. Etymologisch war das unproblematisch, denn *feriae* hat sich aus *fesiae* entwickelt, und das wiederum ist mit *festus*, ›festlich‹, verwandt – so dass neben den ›Ferien‹ auch das ›Fest‹ und die ›Feier‹ aufs Lateinische zurückgehen: fürwahr ein Latein-Festival!

Fiskus

Ursprünglich verstanden die Römer unter einem *fiscus* einen Geldkorb, ein anderes Behältnis zur Aufbewahrung von Geld oder auch das Vermögen eines Bürgers. Karriere machte das Wort in der Kaiserzeit, als beginnend mit Augustus eine Unterscheidung zwischen zwei Staatskassen notwendig wurde. Da war zum einen das traditionelle *aerarium*, die Staatskasse, die beim Saturn-Tempel auf dem Forum Romanum lokalisiert wurde, zum anderen sollte oder wollte auch der Kaiser direkten Zugriff auf eine öffentliche Kasse haben. Als solche wurde fortan der *fiscus* bezeichnet. Wenn man so will, ein Staatsvermögen, auf das nur der Herrscher Zugriff hatte, eine »private Staatskasse«. Anfangs wurde auf den Unterschied zwischen *aerarium* und *fiscus* Wert gelegt, im Laufe der Zeit aber verwischten sich die Grenzen, zumal der Kaiser durchaus auch das Ausgabenrecht aus dem *aerarium* für sich beanspruchte, und seit dem 3. Jh. bezeichnete der *fiscus* allgemein alle Einnahmen, die dem römischen Staat zuflossen. Darunter waren auch manche anrüchigen Steuern wie die auf Prostitutionsumsätze oder gewerblich genutzten Urin – eine »Offenheit« des Staates, die ihren Niederschlag in der Sentenz *fiscus non erubescit* gefunden hat, »der Fiscus errötet nicht«. Immerhin verbindet sich ein zweites Rechtssprichwort mit der Staatskasse: *fiscus semper locuples (solvendo)*, »der Fiscus ist immer reich (zahlungsfähig)«. Will sagen: Ein Staat kann nicht pleitegehen. Man kann es nur hoffen.

Forum

Kaum ein historischer Platz dürfte allgemein so bekannt sein wie das *Forum* Romanum. Und das nicht ohne Grund, war es doch jahrhundertelang *das* Zentrum Roms, *der* Schauplatz des öffentlichen Lebens schlechthin. Tatsächlich kamen beim Forum mehrere für einen Stadtorganismus lebenswichtige Funktionen zusammen: die merkantile Bedeutung als Markt in der Frühzeit Roms sowie als Schauplatz von Geldgeschäften, weiterhin die kultische Bedeutung aufgrund zahlreicher wichtiger Tempel und anderer bedeutsamer Bauten des Sakralbereiches, der repräsentative Charakter eines von Ehrenmonumenten und historischen »Mahnmalen« geradezu übersäten und damit für das visuell erfahrbare kollektive Gedächtnis zentralen Platzes, außerdem die politische Funktion als Versammlungsplatz des Volkes und des Senats und schließlich die führende Stellung als Ort von Gerichtsverfahren und anderen Rechtsgeschäften. Kein Wunder, dass unter diesen Umständen *in foro* synonym verwendet wurde mit ›in der Öffentlichkeit‹.

Mit den Kaiserforen entstand ein neuer Typus. Sie hatten im Unterschied zum Forum Romanum keinen Durchgangsverkehr, der sich durch mehrere Zugänge ergab. Auch sie waren längliche viereckige Räume – das ist die ursprüngliche Bedeutung von *forum* –, aber sie waren auf dem Reißbrett konzipiert, nicht historisch gewachsen. Mit ihrer geschlossenen Form spiegelten sie den Übergang zur monarchischen Staatsform: Die Bürger wurden, wenn man den Gegensatz auf den Punkt bringen will, verwaltet; sie waren nicht mehr die Handelnden, die Subjekte des Forums in all den unterschiedlichen Tätigkeiten. Ein Stück Offenheit war verloren gegangen.

Eben diese ursprüngliche Offenheit ist für das heutige Verständnis von ›Forum‹ noch bzw. wieder konstitutiv. Gesprächsforen setzen auf Beteiligung; wer sich ein Forum schafft, teilt seine Ansichten und Anliegen einer größeren Öffentlichkeit mit. Ein Forum lädt ein, bietet sich als Plattform an, ist an Publikum interessiert – und *publicus* heißt nichts anderes als ›öffentlich‹. Forum ist Leben, ist Ereignis, ist Streit – so wie vor zweitausend Jahren das pralle römische Leben auf dem Forum Romanum wogte. Die Rechtsprechung indes, die sich in der Kaiserzeit in besonderer Weise mit Foren verband, hat ebenfalls ein sprachliches Erbe in die Moderne gerettet: Die forensische Medizin und die forensische Psychologie gehören zum Gerichtsbereich.

Frenetisch

Wenn das Zwerchfell in alltäglichen Zusammenhängen bemüht wird, so geht es meistens ums Lachen. »Lachen, bis das Zwerchfell schmerzt« ist eine übliche Redewendung. In der Antike fasste man Funktion und Bedeutung des Zwerchfells weiter: Es galt nicht nur als Sitz des Gemüts, sondern aller geistigen und seelischen Kräfte einschließlich des Verstandes. Das griechische Wort für das Zwerchfell ist *phren*. Wurde die *phren* von einer Krankheit heimgesucht, so empfand man das als ausgesprochen gravierend: *phrenetikoí* galten als ›Wahnsinnige‹. In der Medizin bis heute: Phrenesie ist der ›Wahnsinn‹, phrenetisch bedeutet ›wahnsinnig‹. Die »deutsche« Schreibweise mit ›f‹ am Anfang mildert die Sache außerordentlich ab: *Frenetischer* Jubel oder frenetischer Beifall signalisieren zwar auch ein Außer-sich-Sein der Zuschauer, doch tritt dieser »Wahnsinn« nur temporär auf und klingt leichter ab als der ›ph‹-Wahnsinn. Bei solchen Menschen, die sich ab und zu frenetisch gebärden, sich aber in der Regel »normal« verhalten, liegt gewissermaßen eine harmlose Form der Schizophrenie vor. Sie ist dadurch definiert, dass die *phren* »gespalten« ist (gr. *schízein* ›spalten‹).

Fundus

Wer über einen ordentlichen *Fundus* an Kenntnissen verfügt, der kann darauf aufbauen. Er hat nämlich im sprachlichen Sinne des Wortes ›Grund‹ unter den Füßen. *Fundus* war bei den Römern der ›Grund und Boden‹; ausgedehnteren Grundbesitz nennen wir noch heute ›Latifundien‹ (lat. *latus* ›breit‹). Auch das ›Fundament‹ ist mit *fundus* verwandt; *fundamentum* ist der ›Grund‹, die ›Grundlage‹; das zu beiden Substantiven gehörige Verb ist *fundare* ›gründen‹.

Ähnlich wie mit dem Fundus an Kenntnissen verhält es sich

mit dem – geistigen und materiellen – Fundus eines Theaters: Es kann auf diesen »Bestand« aufbauen, kann die Gesamtheit der Ausstattungsmittel zu neuen Produktionen nutzen, gewissermaßen Erträge aus dem Fundus erwirtschaften, so wie dem Landbesitzer mittels Ackerbau »Zinsen« aus dem Agrar-Fundus erwachsen.

Besteht der Fundus aus Kapital, so benutzen wir die französische »Weiterentwicklung« *Fonds*, um Finanzmittel zu beschreiben, die für bestimmte Verwendungen zur Verfügung stehen. Schließlich ist da noch der Braten-Fond: Auch er ist ein *fundus*, und zwar in der eigentlichen Bedeutung des ›Bodens‹ oder ›Grundes‹, der sich auch im Lateinischen auf ein Gefäß oder einen Schrank beziehen kann.

Furie

Wenn eine Frau zur *Furie* wird, ist meistens Eifersucht im Spiel, die sie »rasend« werden lässt. Das passt zur Etymologie des lateinischen Ursprungsbegriffs: *furia*, ›Wut‹, ›Raserei‹, ist das Substantiv zu *furere* ›rasen‹. Die personifizierten *Furiae* traten meist zu dritt als Rachegöttinnen, den griechischen Erinyen entsprechend, auf: schauerliche Unterweltsgestalten mit Schlangenhaaren, Arme und Brust zusätzlich mit Schlangen umwunden, mit blutverschmiertem Gewand und einer drohenden Fackel in der Hand. Sie galten vor allem bei Verwandtenmord als Rächerinnen, die auf die Täter Jagd machten oder den Tätern subjektiv als Personifikationen ihres schlechten Gewissens erschienen. Als solche kommen sie auch in der deutschen Ausdrucksweise vor, wenn jemand »von Furien gehetzt« erscheint. Die grässlichen Furien, vor denen er da auf der Flucht ist, das Bewusstsein seiner Untat und möglicherweise die Reue darüber: Das macht auch den schuldbewussten Verbrecher zum ›Rasenden‹.

Genius

Der *Genius* ist heutzutage fast nur noch im *Genius loci* präsent, dem guten Geist oder Schutzgeist eines Ortes. Früher sprach man auch vom Genius als schöpferischer Kraft eines Menschen; hier hat indes das französische *Genie* sein lateinisches Ursprungswort *genius* abgelöst. Und auch vom »Genius des Friedens« oder vom »Genius der Freundschaft« spricht man kaum noch. In solchen Zusammensetzungen hat der »Geist« den Genius ersetzt.

Mit dem »Geist« hatte die Ursprungsbedeutung eher weniger zu tun. Die Wurzel *gen-* zeigt es: Wie in Generation, generieren, Genital geht es ums ›Zeugen‹, ›Hervorbringen‹. Der *genius* war deshalb ursprünglich die göttliche Verkörperung der männlichen Zeugungskraft. Daraus entwickelte sich die Bedeutung ›Schutzgeist des Mannes‹. Alle Mitglieder einer römischen Familie, zu der auch die Sklaven zählten, schworen beim *genius* des *pater familias*; in der Kaiserzeit schworen alle Untertanen beim *genius* des Kaisers. Als personifizierter Schutzgott wurde auch der *genius populi Romani* verehrt, der ›Schutzgeist des römischen Volkes‹. Im Ganzen lässt sich also eine gewisse Abstrahierungs- und Sublimierungsentwicklung bei diesem Begriff feststellen: vom physischen über den schützenden bis zum künstlerisch-schöpferischen Geist – wobei die Zeugungskraft als notwendige »Basis« aller genialischen Erweiterungen im römischen Bewusstsein präsent blieb.

Gigant

Die *Giganten* gehören zu den größten »Rezeptionsgewinnlern« unter dem mythologischen Personal der Griechen. Wir sprechen mit hoher Anerkennung von »Giganten der Lüfte«

und »Giganten der Meere«, von »gigantischen Bauwerken« und »gigantischen Leistungen«. Gigantisch als Synonym für ›riesig‹, ›(unerwartet) groß‹ impliziert in der Regel ein bewunderndes Staunen oder ist allenfalls eine neutrale Feststellung hinsichtlich einer ungewöhnlichen Größe, wird aber so gut wie nie negativ konnotiert.

Ganz anders dagegen das Image der Giganten in der Antike: Sie galten als ungeschlachte Riesen der Urzeit, Söhne der Erdgöttin Gaia, die die Götter hatten stürzen und den Olymp für sich erobern wollen. Ihr Angriff scheiterte. Am Ende wurden sie nach langem Ringen, in das Herakles/Herkules auf Seiten der Olympier noch eingreifen musste, von den Blitzstrahlen des Zeus in die Unterwelt geschleudert. Die Gigantomachie, der »Kampf zwischen Göttern und Giganten«, war ein beliebtes Sujet der griechischen Kunst. Der Ausgang der gewaltigen Schlacht galt als Sinnbild für den Sieg der ordnungstiftenden Götter über die chaotischen, barbarischen Mächte der Urzeit und den damit verbundenen Triumph der Zivilisation. Die damals siegreichen Olympier dürften es nicht ohne Befremden wahrnehmen, dass ihre einstigen Gegner ihnen im Computerzeitalter den Rang abgelaufen haben: Ähnlich gigantische Rezeptionserfolge wie ›Gigahertz‹ und ›Gigabytes‹ können *sie* nicht verbuchen.

Gordischer Knoten

Eine Lektion in Skrupellosigkeit, Machtbewusstsein oder in »neuem Denken«? Historisch gesehen jedenfalls ein erfolgreicher Weg, an die Dinge heranzugehen: Wer einen *Gordischen Knoten* nicht entwirren kann, der zerschlägt ihn einfach. Das geschichtliche Vorbild für diesen ebenso radikalen wie vom Ergebnis legitimierten Ansatz, aus einer verfahrenen Situation herauszukommen, gab Alexander der Große. In der persischen

Stadt Gordion stand im Zeus-Tempel der Streitwagen des legendären Königs Gordios. Dessen Joch und Deichsel waren mit einem schier unauflöslichen Knoten verbunden. Wer ihn lösen könne, dem werde die Herrschaft über Asien zufallen, so ging eine – mit Orakelautorität »gesicherte« – Mär. Im Jahre 333 v. Chr. traf Alexander auf diesen Knoten – und entschied: »Es kommt nicht darauf an, *wie* er gelöst wird!« Statt sich wie viele Vorgänger an der mühseligen Entwirrung des Knotens zu versuchen, nahm Alexander sein Schwert, zerteilte den berühmten Knoten mit kräftigem Hieb – und wurde Herrscher über Asien.

Grazie

Auch wenn der ironische Gebrauch des Wortes zugenommen hat – eine *Grazie* ist eine anmutige, schöne junge Frau. Daneben verwenden wir ›Grazie‹ auch als Substantiv, das die Eigenschaft des ›Liebreizes‹, der ›Anmut‹ beschreibt. Eine graziöse Haltung oder Bewegung gilt für den Zuschauer als optisch-ästhetischer Genuss. Im Altertum traten die *Gratiae* (häufig auch unter ihrem griechischen Namen *Chariten*) regelmäßig zu dritt auf – Göttinnen der Schönheit und Anmut. Seit dem 4. Jh. v. Chr. setzte sich bei bildlichen und plastischen Darstellungen der Typus der drei nackten, sich an den Schultern fassenden Grazien durch. Die mittlere ist dabei in Rückansicht dargestellt, die beiden anderen von vorn in unterschiedlichem Profil. Hesiod (7. Jh. v. Chr.) kennt die drei *Chárites* als ›Strahlende‹, ›Fröhliche‹ und als ›Blühende‹ (Aglaia, Euphrosyne, Thalia). In dieser Ausstrahlung wirken sie bis heute – wobei man diese ästhetische Wahrnehmung durch eine metaphorische Interpretation ergänzen kann, die sich auf die Bedeutung ›Gunst‹, ›Gefälligkeit‹ für *gratia* stützt. Danach verkörpern die drei Grazien die drei Aspekte der Gabe: »Die eine erweist sie, die zweite nimmt sie entgegen, die dritte erwidert sie« (Seneca, Über die Wohltaten I 3, 3).

Gymnasium

Zur Überraschung der meisten Gymnasiasten ist ihre Schule ursprünglich eine ›Nacktanstalt‹ gewesen. Das griechische *gymnásion* war ein bestimmter Bautypus: eine öffentliche Anlage für Sport, den man nackt (*gymnós*) betrieb, sowie für musische Aktivitäten. Wichtigster Teil des frühen *gymnásion* war eine Laufbahn, seit dem 6. Jh. v. Chr. wurden Palästren (›Ringplätze‹) in die Struktur einbezogen und das *gymnásion* wurde mit einer niedrigen Mauer abgegrenzt. In hellenistischer Zeit blieb es ein großer Freiplatz mit zahlreichen Bauelementen ringsum, u. a. mit langen Säulenhallen, die auch als Unterrichtsräume genutzt werden konnten.

Wohlhabende griechische Städte organisierten eine etwa dreijährige Jugenderziehung mit den Schwerpunkten Schreiben, Lesen und musische Unterweisung. Sie stand unter der Verantwortung des Gymnasiarchen, des Leiters des *gymnásion*. Der wurde ebenso wie die Lehrer auf ein Jahr von der Volksversammlung gewählt. Wiederwahl war zulässig – wenn die Gymnasiallehrer sich bewährt hatten. In ärmeren Gemeinden war die Schulbildung reine Privatsache; allerdings konnte die Räumlichkeit des *gymnásion* für den Unterricht genutzt werden. Sportliche Ertüchtigung fand dort natürlich auch weiterhin, freilich nicht als Teil des Schulprogramms, statt. Der Sport allgemein, vornehmlich Leichtathletik und Schwimmen, wurde als ›Gymnastik‹ bezeichnet. Der moderne Begriff hat sich gegenüber der *téchne gymnastiké* der Griechen deutlich verengt – und nackt tritt bei der Gymnastik auch niemand mehr auf.

Helikon

Er ist arg aus der Mode gekommen und gehört nur noch mit Fragezeichen zum gegenwärtigen Kulturwortschatz. Bedauerlich – und deshalb soll er wenigstens kurz Erwähnung finden. Der *Helikon* ist die Heimat der Musen, ein wald- und quellenreiches Gebirge in Mittelgriechenland, dessen höchste Spitze 1748 Meter misst. In einem Bachtal südlich von Askra lag im Altertum eine Kultstätte der Musen. Wenn Dichter und Schriftsteller sich heutzutage dem Helikon nähern, dann ist ihnen der literarische Ruhm (fast) sicher, sind sie doch auf dem Weg zum klassischen Musenberg.

Herkules

Ein »wahrer *Herkules*« zeichnet sich durch enorme Körperkräfte aus. Sie ermöglichen es ihm, Herkulesarbeit zu verrichten – anstrengende, körperlich fordernde, Ausdauer beanspruchende Arbeit. Das Adjektiv ›herkulisch‹ wird im gleichen Sinne verwendet: ›Herkulisch‹ ist ein Synonym zu ›kraftstrotzend‹, herkulische Mühen gehören zum Äußersten, was ein Mensch physisch leisten kann – ohne daran zu zerbrechen, ohne daran zu scheitern. Mit Herkulesarbeit verbindet sich immerhin die Konnotation des Erfolges. Die Mühe wird belohnt.

Diese Rezeption ist nah am Herkules des griechischen Mythos, wo er Herakles heißt. Er ist ein – aufgrund mancher Stationen seines Lebensweges durchaus tragischer – Held, der vieles erdulden und oftmals seine gewaltige Kraft einsetzen muss, zum Schluss aber alle Prüfungen besteht. Sie beginnen schon im zarten Alter von acht Monaten: Der Säugling muss sich zweier Schlangen erwehren, die Hera geschickt hat, um ihn zu töten. Er erwürgt die beiden mit bloßen Händen. Der Hass der Göttermutter wird sein Leben bestimmen. Grund dafür ist eine der vielen Affären ihres Gatten Zeus; er hat Herkules mit der Sterblichen Alkmene gezeugt.

Die Tatsache, dass er aufgrund dieser Verbindung ein Heros, Halbgott, ist, schützt ihn nicht vor der Vielzahl wahrhaft herkulischer Mühen. Sie sind als Aufeinanderfolge von zwölf Arbeiten, dem sog. Dodekathlos (*dódeka* ›zwölf‹, *áthlos* ›Kampf‹, ›Mühsal‹), kanonisiert. Auftraggeber war König Eurystheus von Mykene, in dessen Dienst sich Herkules auf Rat des Delphischen Orakels gestellt hatte. Zu den herausragenden Arbeiten gehörten die Säuberung des Augiasstalles, die Kämpfe mit dem nemeischen Löwen, der lernäischen Hydra und dem erymanthischen Eber sowie das Besorgen der Äpfel der Hesperiden. Bei seinen Abenteuern im Westen der bekannten Welt errichtete Herkules die nach ihm benannten Säulen, die heute als »Straße von Gibraltar« bekannt sind. *Herculis labor*, ›Mühe des Herkules»., und *vires Herculeae*, ›herkulische Kräfte‹, waren schon bei den Römern sprichwörtlich. Und bei Catull findet sich ein schönes Zitat, mit dem man deutlich, aber klassisch nobilitiert sagen kann, was man von einem »schwierigen« Zeitgenossen hält: *sed te iam ferre Herculei labos est*, »aber es ist eine herkulische Mühe, dich noch länger zu ertragen« (Catull 55, 13).

Heroisch

Während »heldenhaftes Verhalten« und »Helden« ein bisschen in Verruf gekommen sind, erleben die »unverdächtigeren« Ersatzbegriffe *heroisch* und – seltener – *Heroen* bzw. – öfter – als englische *heroes* einen sprachlichen Aufschwung. Als *héros* galt den Griechen ein zwischen Mensch und Gott angesiedeltes »Zwischenwesen«, dessen einer Elternteil ein Gott oder eine Göttin war. Der bekannteste Heros war Herakles/Herkules. Die Römer werteten die Halbgötter auf; sie bezeichneten sie regelmäßig als *dei*, ›Götter‹, so etwa ihren Stammvater Aeneas, der aus der Verbindung der Venus mit dem Sterblichen Anchises hervorgegangen war. Sehr früh schon übertrug man den Begriff auf legendäre Gründergestalten von Städten sowie auf berühmte Krieger und allgemein hervorragende Persönlichkeiten. Heroen wurden kultisch verehrt; der Kult war meistens lokal begrenzt und fokussierte sich auf das Grab des Heros. Man glaubte, dass die Heroen über ihren Tod hinaus Wirkung entfalteten, selten im negativen Sinne, vorwiegend im Rahmen einer Schutzfunktion. Der christliche Heiligenkult geht auch auf Traditionen des paganen Heroenkultes zurück. Der *versus heroicus* ist der Hexameter; er gehört zum Epos, dem angesehensten literarischen Genus, das als einziges würdig war, die Großtaten der Heroen zu rühmen.

Gab es, fragt die Moderne besorgt, auch Heroinen? Es gab sie, aber nur in sehr überschaubarer Zahl und im Gesamtkontext des Heroischen ohne große Bedeutung. Die »Ehrenrettung« kommt ausgerechnet von einem Römer. Unter dem Titel »Heroides« hat Ovid Briefgedichte geschrieben, in denen sich legendäre Frauen vorwiegend des Mythos wie Penelope, Ariadne und Helena an ihre Gatten oder Geliebten wenden – allerdings nicht im heroischen Versmaß, sondern im elegischen Distichon, dem Metrum der Liebeselegie.

Hetäre

Sprachlich führen *Hetären* nur noch ein Mauerblümchen-Dasein – ganz im Unterschied zu ihrer Stellung und Bedeutung im Alltagsleben der Griechen. Der Begriff bedeutet ›Gefährtin‹ (*hetaíra*), und das war nicht nur eine euphemistische Umschreibung dessen, was wir heute als »Edelprostituierte« zu bezeichnen pflegen. Tatsächlich waren die Hetären vielfach literarisch und musisch gebildete Frauen von großer erotischer

Ausstrahlung, die man für Symposien oder intime Treffen »mieten« konnte. Sehr häufig blieb die Beziehung aber nicht punktuell, sondern bestand über längere Zeit, so dass sie neben der sexuellen »Basis« auch eine Komponente der Vertrautheit und Freundschaft aufwies. Nicht wenige Hetären führten einen aufwendigen Lebensstil, der von ihren Freunden finanziert wurde und geradezu als Statussymbol der »Financiers« galt. Das »Hetärenwesen« war als Phänomen der wohlhabenden Oberschicht gesellschaftlich anerkannt.

Heureka

Heureka! ist der von Erleichterung und Entdeckerjubel gespeiste Ruf dessen, der ein schwieriges Problem gelöst, eine knifflige Aufgabe nach längerer Zeit endlich bewältigt hat: »ich hab's gefunden!« Man könnte auch von einem mehr oder minder überraschenden, jedenfalls freudigen Entdeckererlebnis sprechen. Das historische *heúreka* wird dem Mathematiker und Physiker Archimedes (3. Jh. v. Chr.) zugeschrieben, als er den Auftrag König Hierons II. von Syrakus erfolgreich ausgeführt hatte. Der wollte wissen, ob eine Krone wirklich aus Gold gefertigt oder eine Fälschung sei. Bei dieser Untersuchung entdeckte Archimedes das, was man früher ›spezifisches Gewicht‹ nannte und heute ›Dichte‹ – den Zusammenhang zwischen Volumen und Masse – nennt. Der Entdeckungsort des Archimedischen Prinzips war der Legende nach eine Badewanne, vermutlich aber eher eine Badeanstalt. Und dass der begeisterte Forscher mit dem Heureka-Schrei auf den Lippen tatsächlich nackt in die Öffentlichkeit gestürzt sei, muss man wohl auch als hübsches anekdotisches Accessoire historisch beiseitelegen.

Hic Rhodus

Großsprechern und Angebern ins Stammbuch: Es zählen nicht lange Berichte von anderswo begangenen Ruhmestaten, sondern der konkrete praktische Beweis: *hic Rhodus, hic salta!*, »*hier* ist Rhodos, *hier* springe!« Der berühmte Ausspruch geht auf eine Fabel Aesops (6. Jh. v. Chr.) zurück. Ein aufschneiderischer Fünfkämpfer, der in seiner Heimat nicht recht anerkannt wurde, ging eine Zeitlang außer Landes. Als er wiederkam, behauptete er, er sei auf Rhodos so weit gesprungen wie nicht einmal irgendein Olympiasieger vor ihm. Dafür könne er jede Menge Zeugen aufbieten. Worauf einer der Anwesenden erwiderte: »Lieber Freund, wenn das wahr ist, brauchst du doch keine Zeugen. Denn hier ist Rhodos, hier ist dein Sprung!« (*autoú gar Rhódos kai pédema*, Aesop 33). Die lateinische Version ist rhetorisch gefälliger und eingängiger; sie hat sich als »Beweisinstanz des Augenblicks« durchgesetzt.

Hippokratischer Eid

Auch wenn das Medizinwesen in der Antike stark »dereguliert« war – jeder konnte sich Arzt nennen, ohne eine Ausbildung oder ein Examen vorweisen zu müssen –, dürfte doch zumindest das Gros der griechischen Ärzte den Eid geschworen und respektiert haben, der unter dem Namen des großen Arztes Hippokrates von Kos (460–370 v. Chr.) überliefert ist. Er stellt eine ethische Selbstverpflichtung dar, die bis in die Moderne nachwirkt. Die »Genfer Deklaration des Weltärztebundes« von 1948 basiert durchaus noch in Teilen auf dem *Hippokratischen Eid*, in dem u. a. die ärztliche Schweigeverpflichtung, das Verbot sexueller Handlungen an Patienten, die Untersagung der aktiven Sterbehilfe und der Beihilfe zur Abtreibung festgelegt sind. Der Eid umfasste auch schon »standesrechtliche« Vorschriften. So schwor der angehende Arzt zu Beginn seiner Lehrzeit, dass er seinen künftigen Lehrer in dieser Kunst seinen Eltern gleich achten und ihn, falls er Not leide, mitversorgen werde.

Homerisches Gelächter

Schallendes Gelächter, das kein Ende zu finden scheint – das versteht man unter *homerischem Lachen*. Und was sollte daran anstößig sein, zumal es sich nach *dem* griechischen Dichter schlechthin benennt? Der Kontext gibt Aufschluss darüber, warum homerisches Gelächter heutzutage alles andere als politisch korrekt ist: »Unermessliches Lachen erscholl von den seligen Göttern, als sie sahen, wie Hephaistos durch das Haus hin keuchte« (Ilias I 599). Das war in moderner Diktion Behindertenspott. Denn Hephaist war, seitdem Hera ihn vom Olymp geworfen hatte, verkrüppelt: Er hinkte – und war mit dieser Behinderung nicht gerade ein vollwertiger Ersatz für den schönen Jüngling Ganymedes in der Rolle des Mundschenks der Götter.

Hybris

Die Bedeutung des griechischen Verbs *hybrízein* liegt nahe an der umgangssprachlichen deutschen Wendung ›(zu) üppig werden‹. Es beschreibt eine Form des »Schwelgens«, die zur Überschwenglichkeit und Selbstüberschätzung neigt. Das Substantiv *hybris* entwickelte sich konsequent zu einem Moralbegriff, der »dünkelhafte Anmaßung«, »freche Arroganz« als eine Fehlhaltung tadelt, die die soziale Ordnung zu zerrütten droht. Die frevelhafte Grenzüberschreitung wiegt umso schwerer, wenn sich die Götter herausgefordert fühlen. Mit der unbarmherzigen Bestrafung der »großen Büßer« wie Tantalos und Sisyphos machen sie unmissverständlich deutlich, wie sie auf menschliche Hybris reagieren: Die als Gottheit verehrte Nemesis »teilt« den Hochmütigen das Ihre »zu«.

Hydra

Für den einen ist der Kampf gegen den Terrorismus das Ringen mit einer *Hydra*, für den anderen der Kampf gegen die Staatsverschuldung, für den dritten der Kampf gegen die Krebskrankheit. Die Metapher passt immer dann, wenn die Gefahr trotz vorübergehender Siege stets und sogar noch bedrohlicher nachwächst. So war es bei der mythischen Hydra, einem neun- oder mehrköpfigen Drachen, der im Lernäischen Sumpf bei Argos hauste: Für jeden abgeschlagenen Kopf wuchs der Hydra mindestens ein neuer Kopf nach. Es bedurfte der Tapferkeit und der Cleverness eines Herakles/Herkules, dem Untier schließlich den Garaus zu machen. Er selbst schlug der Hydra einen Kopf nach dem anderen ab, sein Gefährte Iolaos »versiegelte« die Hiebstellen unmittelbar, indem er sie mit glühenden Baumstämmen ausbrannte. Neben dem Ruhm des Hydra-Bezwingers ergab sich für Herakles mit der Heldentat ein praktischer Nutzen: Mit der Galle der Hydra, in die er seine Pfeile tauchte, verfügte er über eine giftige Waffe, die unheilbare Wunden verursachte.

Hymne

Hymnen, auch die Nationalhymne, sind etwas Feierliches und Erhebendes. Diese Bedeutung ist ihnen geblieben, auch nachdem die Götter nicht mehr – oder jedenfalls nicht mehr immer – im Spiel sind. Damit kehrt die Hymne gewissermaßen zu ihrem Ursprung zurück, dem griechischen *hýmnos*, der allgemein einen Gesang bezeichnete. Seit dem 5. Jh. v. Chr. jedoch wurde der Begriff nur noch spezifisch in der Bedeutung ›Gesang auf einen Gott‹ gebraucht. Hymnen waren als religiöse Lieder Bestandteile des Gottesdienstes, sozusagen Ansprachen an die Götter. Der Gottesbegriff konnte freilich recht weit ausgelegt werden. Wenn man sie als Gottheiten personifizierte, waren z. B. auch Hygieia (Gesundheit) und Arete (Tugend) Hymnos-»kompatibel«. Der lateinische *hymnus* unterschied sich vom griechischen *hýmnos* kaum. Die Christen konnten Begriff und »Sache« übernehmen, indem sie sie auf ihren Gott bezogen. Dieser »Lobgesang« war an keine spezifische Gattung gebunden, entsprach aber in Sachen Feierlichkeit den Ansprüchen, die wir an eine mittlerweile feminin »mutierte« Hymne stellen.

Idylle

Das griechische Ursprungswort *eidýllion* ist eine Verkleinerungsform zu *eídos* ›Bild‹. Das Wort kommt sehr selten vor; es könnte zunächst ein ›kleines Gedicht‹ bezeichnet haben. Von Theokrit (3. Jh. v. Chr.) sind Hirtengedichte überliefert, die man ein paar Jahrhunderte später in der römischen Kaiserzeit *eidýllia* nannte. Ihnen, aber vermutlich noch mehr den »Bucolica« (Eklogen) Vergils, ebenfalls einer Hirtendichtung, verdanken wir die Idylle, insofern sie in einer ländlich-romantischen, abgeschieden-friedlichen, eben idyllischen Landschaft spielen und auch die freundlichen Umgangsformen der Protagonisten sich gut in diese Idylle einpassen.

Infam

Infame Lügen, Verleumdungen oder Beschuldigungen – das alles ist im eigentlichen Sinne etwas Un-sägliches, etwas, das gar »nicht gesagt« werden dürfte (verneinendes *in-* + *fari* ›sprechen‹), weil es andere in Verruf bringt. Das Wort hat einen – allerdings schon im lateinischen *infamis* vorgeprägten – Bedeutungswechsel erfahren. Denn ursprünglich war *infamis* nicht der, der andere in schlechten Ruf brachte, sondern jemand, der selbst in schlechtem Ruf stand. Das konnte einer persönlichen Einschätzung durch seine Mitbürger entspringen, war aber vor allem ein juristischer Status. Zum *infamis* konnte man durch eine Rüge des Zensors degradiert werden, durch eine entsprechende Berufswahl brachte man sich aber auch selbst in den »Stand« der *infamia*: Alle im Unterhaltungswesen Tätigen außer Berufsathleten waren *infames*, vom Wagenlenker über den Schauspieler bis zur Prostituierten. Selbst Wirte und ihre Bedienungen entgingen diesem automatischen *infamia*-Verdikt nicht, weil die Gastronomie eng an die Prostitution gerückt wurde. In einem ganz allgemeinen Sinne bedeutete die Infamie den Verlust der bürgerlichen Ehrenrechte; *infames* waren von Ämterbewerbungen ausgeschlossen, sie hatten aber sogar in Zivilprozessen deutlich weniger Rechte als »ehrbare« Bürger. Umso infamer war das Verhalten derer, die »liebe Mitbürger« wider besseres Wissen in ein Licht rückten, bei dem die Zensoren aufgerufen waren, die *fama* der Betroffenen offiziell zu überprüfen.

Interregnum

Die (scheinbar) »führerlose« Zeit zwischen zwei Herrschern wird als *Interregnum* bezeichnet, als ›Zwischenherrschaft‹. Im wesentlichen ist der Begriff auf Monarchien beschränkt, im übertragenen Sinn lässt er sich mehr oder minder augenzwinkernd auch auf weniger bedeutsame Führungspositionen anwenden. Das Interregnum zwischen zwei Päpsten heißt Sedisvakanz (›Stuhl-Leere‹). Bei den Römern war der *interrex* der von seinen patrizischen Kollegen gewählte Senator, der in dem Fall, dass beide Konsuln ausfielen, übergangsweise die höchste Exekutive verkörperte. Er durfte aber nur fünf Tage amtieren, dann ging das *interregnum* auf einen anderen Senator über. Die wichtigste politische Aufgabe des *interrex* bestand darin, möglichst rasch Neuwahlen zu organisieren, in denen zwei neue Konsuln bestimmt wurden. Die kurze Dauer des *interregnum* lässt erkennen, dass der ›Zwischenkönig‹ möglichst wenig Gelegenheit erhalten sollte, sich eine persönliche Machtposition aufzubauen. Diese Vorsichtsmaßnahme wie der Titel selbst weisen auf die Königszeit als Ursprung der Institution.

Januskopfig

Eine Sache oder Person gilt als *januskopfig*, wenn sie gewissermaßen doppelgesichtig, ambivalent ist und ein Sowohl-als-auch verkörpert. Ianus wurde als doppelköpfiger Gott verehrt; als Schutzgott der Eingänge und Durchgänge schaute er zugleich nach vorn und nach hinten. Sprachlich ist er wohl mit *ianua*, ›Schwelle‹, verwandt. Sein bedeutendster Tempel war das Ianus-Quirinus-Heiligtum auf dem Forum Romanum: Waren seine Flügeltüren geschlossen, so herrschte überall im Römischen Reich Frieden. Meist standen sie offen. Als Namensgeber des Januar scheint ein doppelköpfiger Gott eine hervorragende Besetzung zu sein, insofern er ins alte Jahr zurück- und ins neue vorausblickt. Mehr als eine Eselsbrücke für die Bedeutung von ›januskopfig‹ ist das aber nicht. Denn der Januar ist deutlich älter als der Jahresbeginn; er wurde erst im Jahre 153 v. Chr. vom 1. März auf den 1. Januar vorverlegt.

Jovial

Er galt nicht als schlechtgelaunter Grantler, sondern im Zweifelsfall als lebensfroher und amourösen Abenteuern nicht abgeneigter Herr. Aber als *jovial*, d.h. ›heiter‹, ›gönnerhaft‹, ›leutselig‹ stellten sich die Römer ihn nicht vor. Die Rede ist von Jupiter, dem höchsten Gott. Der Stamm des Wortes ist *Iov-*, und deshalb ist *Iovialis* das Adjektiv zu *Iupiter*, ›zu Jupiter gehörig‹. Die Jovialität als Charakterzug entspringt aber erst der mittelalterlichen Astrologie. Die im Schutze des Planeten Jupiter Geborenen galten als vom Glück begünstigt – Grund genug dafür, dass sie jovialen Frohsinn und joviale Heiterkeit verströmten. Aber auch die Gelassenheit und Großzügigkeit, die wir mit jovialem Verhalten verbinden, passt recht gut zum »Vater der Götter und Menschen«. Wer könnte sich Jovialität eher leisten als der oberste Chef (keine Despektierlichkeit: Ursprungswort ist *caput* ›Haupt‹!)?

Kalender

Das *calendarium* galt den römischen Geldverleihern als ihr zentraler Geschäftsbereich. Es war das Darlehensbuch, in das sie ihre Schuldner, das verliehene Kapital und die Zinszahlungen eintrugen. Es war also ursprünglich eine Art Kredit-*Kalender*, der seinen Namen einem bei den Schuldnern mehr oder minder gefürchteten Datum verdankte: Zinsen wurden in Rom an jedem Monatsersten fällig, und diese Tage nannte man *Kalenden*. Sie sind wie die *Nonen* und die *Iden* die Fixtage im römischen Monat, zu denen hin die übrigen Tage gezählt wurden (z.B. »am vierten Tag vor den Kalenden des April«: 29. März). Benannt waren die Kalenden nach dem Verb *calare* ›ausrufen‹: Mit einer genau festgelegten Sakralformel rief ein Priester den Neumond offiziell aus, und dieser Ausrufetag wurde dem Monatsersten als Name gegeben. Die Griechen kannten keine Kalenden. Wer deshalb etwas *ad Kalendas Graecas* verschiebt, ›auf die griechischen Kalenden‹, vertagt es auf den »Sankt-Nimmerleins-Tag«.

Kandidat

Kandidaten, besonders solche im politischen Raum, möchten gerne auffallen. Römischen Amtsbewerbern wurde dieser Wunsch erfüllt, jedenfalls äußerlich: Sie trugen eine schneeweiße, mit Kreide bestrichene Toga und waren damit für jedermann als politisch ambitionierte Zeitgenossen erkennbar. Ihre »Bewerberkleidung« war die *toga candida*, die ›weiße Toga‹, und nach dieser Toga hießen sie *candidati*. Im frühen Christentum nannte man neu getaufte Kinder *Kandidaten*, weil sie längere Zeit ein weißes Kleid trugen. Mochte die Kleidung römischer Amtsbewerber lupenrein weiß sein – ob sie im übertragenen Sinne eine weiße Weste hatten, blieb dem Urteil der Wähler überlassen.

Kanon

Ursprünglich war der griechische *kanón* ein ›Binsenrohr‹ oder ›Stab‹, mit dem man »Maß« nehmen konnte. Daraus entwickelte sich die übertragene Bedeutung des »Maßstabes« im Sinne von ›Norm‹ oder ›Regel‹. In der griechischen Literaturkritik wurde der Begriff auf Werke bezogen, die nahe an unseren Vorstellungen von »Klassikern« waren, Maßstäbe setzten und als vorbildlich empfunden wurden. Zwar gab es seit hellenistischer Zeit Auswahllisten von Autoren, die für einzelne Gattungen repräsentativ waren, doch kam der Begriff *Kanon* für solche beispielhaften Verzeichnisse erst in der Moderne auf. Ein Lektürekanon ist eine solche Zusammenstellung wichtiger Werke; er impliziert unausgesprochen den Appell, diese Liste »durchzuarbeiten«; gleichzeitig verbindet sich damit die normative Nuance eines besonderen Qualitätsanspruchs, wobei auch der nicht offen erhoben wird.

Im Bereich der katholischen Kirche wird dagegen Klartext gesprochen: Kanonisches Recht ist das bindende Kirchenrecht, und die kirchlich anerkannten Bücher der Bibel bilden den Bibelkanon. Mit der Kanonisierung wird der zuvor selig Gesprochene in den Kanon der Heiligen aufgenommen und damit gewissermaßen verbindlich und dauerhaft »gelistet«. Auch dem musikalischen Kanon liegt eine Verbindlichkeit zugrunde – die »Anweisung«, Stimmen zu wiederholen und zeitversetzt zu imitieren, die strengste Form der Polyphonie.

Kapitol

Capitol Hill in Washington, D. C. – war es Weitsicht oder historisches Kompensationsbedürfnis einer geschichtslosen jungen Nation, dass die USA ihr Parlamentsgebäude schon Ende des 18. Jh.s nach dem altrömischen *Kapitol* benannten? Das war der Burgberg Roms mit dem Haupttempel des Iupiter Optimus Maximus; er symbolisierte die Stärke und den Machtanspruch Roms und des Römischen Reiches. Der lateinische Name ist sprachgeschichtlich ungeklärt, aber es erstaunt nicht, dass schon römische Antiquare als ersten Bestandteil des Wortes *caput* identifizieren wollten, ›das Haupt‹, ›die Hauptstadt‹.

Kassandraruf

Kassandra war die schönste Tochter des trojanischen Königs Priamos; Homer stellt sie auf eine Stufe mit Aphrodite. In seinem Werben um die attraktive Prinzessin verleiht Apollo ihr die Gabe der Prophetie. Als Strafe dafür, dass sie ihn nicht erhört, sorgt er indes dafür, dass niemand ihre Prophezeiungen ernst nimmt. So auch, als sie davor warnt, das Trojanische Pferd in die Festung zu ziehen: Man glaubt ihr nicht, und das Unheil nimmt seinen Lauf. Als *Kassandraruf* bezeichnet man daher eine warnende Vorhersage, der die Gewarnten keinen Glauben schenken oder keinen Glauben schenken wollen.

Klassisch

Auch wenn die meisten Schüler im Lateinunterricht ›Flotte‹ für *classis* lernen – das ist eine Spezialbedeutung. Die eigentliche Bedeutung ist ›Abteilung‹ bzw. ›Volksklasse‹. Die gesamte

Bürgerschaft war die ›herbeigerufene‹ Menge (*calare* ›rufen‹), und die war gemäß ihrem Vermögen in »Klassen« unterteilt. Die angesehenste war die *prima classis*, die ›erste Abteilung‹, in der die Vermögenden zusammengefasst waren. Ihre Angehörigen, kurz *classici* genannt, galten als die »erstrangigen« Bürger. Im literarischen Kontext spricht der Antiquar Gellius im 2. Jh. erstmals von *scriptores classici*, ›mustergültigen Schriftstellern‹, an denen man sich ein Vorbild nehmen könne (XIX 8, 5). Seit der Renaissance gelten die antiken Autoren als vorbildhafte »Klassiker«. Später wurde der Begriff auf alle anerkannten Autoren erweitert. Gleichwohl behielten die antiken Klassiker eine Sonderstellung, die sich noch heute im Begriff der »Klassischen Philologie« niederschlägt. Ihre Gegenstände sind die griechische und lateinische Literatur der Antike – ohne dass sich heute noch zwangsläufig die Vorstellung damit verbindet, dass diese Literaturen geradezu zeitlose Maßstäbe setzten. Trotzdem sei das umgangssprachlich-saloppe Bekenntnis erlaubt, dass diese Klassiker einfach »Klasse« sind.

Klient

Wo der Begriff ›Kunde‹ aus Imagegründen des Dienstleisters oder des Servicenehmers zu banal erscheint, spricht man gern von *Klienten*. Anwälte und Steuerberater haben keine gewöhnlichen Kunden, sondern mehr oder weniger vornehme Klienten. Etymologisch gesehen würden sich diese Klienten bedanken; der Begriff wirft sie nämlich auf die Position von Schutzbefohlenen, ja ›Hörigen‹ zurück. Römische *clientes* schuldeten ihrem *patronus* Gehorsam und Hochachtung, mussten ihm im Kriegsdienst beistehen und ihm bei Wahlen ihre Stimme geben. Der *cliens* war ein *cluens*, ein ›Gehorchender‹. Die Gegenleistung des *patronus* bestand darin, seinen Klienten beizustehen, wenn sie in Bedrängnis waren, sei es vor

Gericht, sei es in der außergerichtlichen Auseinandersetzung mit mächtigen Feinden.

In der Kaiserzeit wurde das Klientelverhältnis zu einer gesellschaftlichen Institution, die wesentlich dem Renommee des *patronus* zugutekam. Eine möglichst hohe Zahl von Klienten, die sich allmorgendlich in seinem Hause zur Begrüßung einfanden und die ihn in der Öffentlichkeit begleiteten, war ein wesentliches Statussymbol. Für diese Dienstleistungen erhielten die *clientes* eine Art Trinkgeld, (eher kleine) Belohnungen in klingender Münze, in Sachspenden oder in Form einer Einladung zum Gastmahl. Der Kollektivbegriff *clientela* ist als ›Klientel‹ ins Deutsche übergegangen. Er bleibt, wie die Endung *-a* zeigt, weiblich, auch wenn eine gewisse Lateinferne zunehmend »das« Klientel vertritt.

Kohorte

Die Sozialwissenschaft bedient sich nicht ungern lateinischer oder lateinstämmiger Termini. Einer davon ist für eine breite Öffentlichkeit relativ jung: die *Kohorte*. Darunter verstehen Soziologen, aber auch an Reihenuntersuchungen arbeitende Mediziner eine genau definierte Gruppe von Menschen, die sich über das Geburtsjahr, das Alter oder ein bestimmtes gemeinsames Lebensereignis gegenüber anderen Gruppen abtrennen lässt. Auch die Römer verstanden unter *cohors* eine ›Schar‹, ›Menge‹. Die ›Schar seiner Freunde‹ kann man durchaus als *cohors amicorum* bezeichnen. Wer es nötig hatte und es sich leisten konnte, umgab sich auch mit einer *cohors scortorum*, einem ›Dirnen-Gefolge‹.

Am häufigsten kommt der Begriff aber im Zusammenhang mit einer Gruppe im Militär vor: Die Kohorte ist eine Unterabteilung der Legion. Eine Legion bestand aus 10 Kohorten. Da die Legion in der frühen Kaiserzeit rund 6000 Mann umfasste, kam die Kohorte auf eine Stärke von 600 Legionären, davon 480 schwerbewaffnete Fußsoldaten.

Kollege

Ein lateinischer Begriff, der rezeptionsgeschichtlich mächtig in die Breite gegangen ist: *Kollegen* finden sich nahezu überall, besonders im Berufsleben, aber auch im Freundeskreis, in dem ›Kollege‹ und ›Kumpel‹ häufig synonym gebraucht werden, im gewerkschaftlichen Umfeld und im schulischen Bereich, wo sich das Lehrerkollegium in besonderer Weise in Kollegialität übt. Auch die Römer kannten *collegia* außerhalb des politischen und sakralen Raumes; heute weithin unbekannt, damals aber ein wichtiges gesellschaftliches Phänomen waren die Berufsvereinigungen, die vornehmlich soziale Ziele verfolgten. Sie nannten sich *collegia*, die Mitglieder konnten sich durchaus als *collegae* bezeichnen.

Erheblich bedeutsamer – auch für die Rezeptionslenkung – waren allerdings die *collegia* im politischen und priesterlichen Kontext. Eines der wichtigsten Prinzipien der römischen Republik war die Kollegialität. Damit wurde ein (mindestens) Vier-Augen-Prinzip begründet, das der gegenseitigen Kontrolle diente und dominante Machtstellungen einzelner verhindern half. An die Stelle des allein herrschenden Königs traten im Jahre 509/8 v. Chr. zwei Konsuln. Jeder von beiden hatte ein Interzessionsrecht gegenüber Amtshandlungen seines Kollegen – natürlich nur unter jeweils ranggleichen Beamten mit derselben *potestas* (Amtsgewalt). Das positive Pendant zur Kontrollbefugnis war das vollwertige Vertretungsrecht. Der einzige Magistrat ohne Kollege war der *dictator*. Seine Amtszeit war deshalb auf maximal ein halbes Jahr beschränkt.

So bedeutend und historisch prägend diese Kollegen gleichsam auf der großen politischen Bühne waren, so verwendete der Volksmund den Begriff *collega* doch auch in sehr alltäglichen Zusammenhängen. Wenn ein anderer Gast, der bei einem gemeinsamen Essen mit zu Tisch liegt, als *collega* angesprochen wird, dann ist der Weg zum umgangssprachlichen ›Kumpel‹ nicht weit. Besonders im spezifischen Kontext des Gastmahls – denn der Kumpel ist ebenso wie der ›Kumpan‹ und der ›Kompagnon‹ einer, mit dem ich mein Brot gemeinsam esse (*cum* ›mit‹, *panis* ›Brot‹).

Kolonie

Kolonien waren im Zeitalter des Imperialismus abhängig gemachte Gebiete vielfach in Übersee, die in der Regel ausgebeutet wurden, um das Mutterland zu versorgen oder dessen Wohlstand zu erhöhen. Aus Sicht der Kolonialvölker war es nicht besonders ehrenvoll, Bürger einer Kolonie zu sein.

Das war bei einer römischen *colonia* anders. Jahrhundertelang beschränkte sich die Gründung von *coloniae* auf Italien. Sie wurden im Zuge der römischen Expansion zur militärischen und politischen Sicherung neuer Territorien angelegt. In aller Regel wurden die Kolonisten aus Freiwilligen rekrutiert, die die neue Stadt gründeten und aufbauten, aber römische Bürger – juristisch mit Stimmrecht in Rom – blieben. Teile der eingesessenen Bevölkerung wurden in die neue *colonia* auch gesellschaftlich integriert. Die römischen Kolonien waren ein wichtiger Motor der Romanisierung, auch und gerade nachdem am Ende des 2. Jh.s v. Chr. die ersten Kolonien außerhalb Italiens gegründet wurden. Seit dem 1. Jh. v. Chr. diente die Anlage von *coloniae* vorrangig der Veteranenversorgung; die Kaiser setzten diese Politik fort. Kolonien waren angesehen, erst recht, wenn sie den Namen eines Kaisers als Gründers im Namen trugen. Die Gesamtzahl aller römischen Kolonien lag bei rund 400. Eine *colonia*, die ihren Namen ins Deutsche

»hinübergerettet« hat, war die Colonia Claudia Ara Agrippinensium, kurz »Köln«.

Koloss

Ein Beispiel dafür, wie die Bedeutung eines Wortes die Jahrtausende überdauert hat: Noch heute sprechen wir von einer »Kolossalstatue«. Darüber hinaus bietet sich der Begriff freilich auch zur Beschreibung vieler anderer »kolossaler« Phänomene an, die weit über Normalmaß liegen. Die Antike beschränkte sich darauf, Riesenstandbilder auf Griechisch als *kolossoí* zu bezeichnen. Der berühmteste *kolossós* war der zu den Sieben Weltwundern gezählte Koloss von Rhodos, eine Riesenstatue des Sonnengottes Helios, die mit einer Größe von rund 35 Metern die Hafeneinfahrt von Rhodos überspannte. Im Jahre 305 v. Chr. errichtet, wurde der Koloss von Rhodos schon rund 80 Jahre später durch ein Erdbeben zu Fall gebracht, blieb aber auch in ruinösem Zustand eine touristische Attraktion.

Das Kolosseum in Rom kannte das Altertum nur unter seinem offiziellen Namen Amphitheatrum Flavium. Unstreitig selbst ein kolossales Bauwerk, hat es seinen »Spitznamen« indes erst im Mittelalter erhalten, und zwar von einem benachbarten *kolossós* im eigentlichen Sinne: einer Kolossalstatue Neros, die im Unterschied zu ihrem »Paten« Kolosseum nicht mehr zu sehen ist.

Komödie, komisch

Den Streit um den Ursprung des Wortes finden Philologen gar nicht *komisch*; er wird seit Aristoteles mit großer Ernsthaftigkeit geführt. Das ›Dorf‹ (gr. *kóme*) als Ausgangswort findet heute kaum noch Anhänger; dagegen kann *kómos* als erster Bestandteil neben dem unstrittigen zweiten, *odé*, ›Lied‹, als wissenschaftlich akzeptiert gelten. Das *kómos*-Lied geht auf ausgelassene, laute Festumzüge (*kómoi*) zurück, die seit dem frühen 7. Jh. v. Chr. auf Vasendarstellungen bezeugt sind. In ihnen traten Tänzer und Chöre auf, nicht selten in Tierkostümen und mit ausgestopftem Hinterteil – ein Detail, dessen ›Komik‹ sich bis heute mitteilt.

Im 6. Jh. v. Chr. wurden diese Umzüge mit dem Kult des Weingottes Dionysos in Verbindung gebracht. Die »offizielle« Geburtsstunde der Theatergattung *Komödie* schlug spätestens im Jahre 486 v. Chr., als die Athener die *komoidía* ins Festprogramm ihrer Dionysien aufnahmen. Zwischen der »Alten Komödie« des 5. Jh.s v. Chr. und der »Neuen Komödie«, die mit dem Dichter Menander um 320 v. Chr. begann, liegen inhaltlich geradezu Welten. Während die »Alte Komödie« hochpolitisch, invektivisch und drastisch auch in sexueller Hinsicht ist, stellt sich die »Neue Komödie« als eher harmloses bürgerliches Lustspiel mit allerlei Verwicklungen und häufig einem *happy end* dar.

Die Römer übernahmen den Begriff (*comoedia*) und die Sache: Die Dramen des Plautus und Terenz gehen wesentlich auf griechische Vorlagen der Neuen Komödie zurück. Das lateinische Wort *comicus* bezeichnet den Komödienschauspieler oder -dichter; die Erweiterung zur Bedeutung ›lächerlich‹, ›lustig‹ und erst recht zu ›sonderbar‹, ›seltsam‹ vollzog sich im deutschen Wort ›komisch‹ erst seit dem 18. Jh. Was heute so alles unter »Comedy« firmiert, hätten Griechen und Römer in vielen Fällen wohl eher für ›sonderbar‹ als für ›lustig‹ erachtet.

Koryphäe

Im griechischen Drama war der *koryphaíos* der Anführer und Sprecher des Chores. Mit dieser Position stand er gewissermaßen auf dem ›Gipfel‹ (*koryphé*). In der Neuzeit wurde es üblich, Menschen, die auch in anderer Hinsicht eine Spitzenstellung einnahmen, als *Koryphäen* zu bezeichnen. Zunächst blieb man beim Maskulinum. Da war etwa ein berühmter Arzt *ein* Koryphäe. Die Änderung des Genus – vom Männlichen zum Weiblichen – erklärt sich vermutlich daraus, dass man häufig im Plural »die Koryphäen« umschwärmte und bei der »Rückbildung« in den Singular der Einfachheit oder Unkenntnis wegen bei »die« blieb und so das Wort zum Femininum mutieren ließ.

Krösus

»Bin ich denn ein *Krösus*?« Mit dieser rhetorischen Frage biegt man finanzielle »Anzapfversuche« eindeutig, aber mit klassischem Bildungsgut veredelt ab. Die historische »Bezugsgröße« ist der Lyderkönig Kroisos, der zwischen 560 und 547 v. Chr. in Kleinasien regierte. Er galt schon im Altertum als steinreicher Mann; seinen legendären Reichtum verdankte er den Bergwerken im Gebiet von Pergamon. Die Antike verbindet indes mit Kroisos noch eine andere, nachdenklicher stimmende Geschichte. Sie wird von Herodot in einer berühmten Parabel überliefert. Im Gespräch mit dem weisen Solon rühmt sich Kroisos, aufgrund seiner Schätze der glücklichste Mensch auf der Welt zu sein. Solons Warnung vor der Unbeständigkeit des Glücks überhört er geflissentlich. Solon hat nämlich Bedenken, jemanden glücklich zu preisen, bevor er seine ganze Lebensgeschichte einschließlich seines Todes kennt. Erst auf dem Scheiterhaufen soll Kroisos die »Wahrheit« der solonischen

Warnung erkannt haben und daraufhin im letzten Augenblick von seinem Bezwinger Kyros begnadigt worden sein. Diesen Teil der – kaum historischen – Lebensgeschichte des steinreichen Lyderkönigs hat die Rezeption ausgeblendet. Am Glück des Reichen sollten offenbar keine Zweifel aufkommen …

Labyrinth

Labyrinth hieß die von Dädalus gebaute Behausung des Minotaurus auf Kreta – ein gänzlich unübersichtliches Gewirr von Gängen und Räumen, aus dem Theseus nach der Tötung des Ungeheuers nur mit Hilfe des Ariadnefadens wieder herausfand. Die Sage vom Labyrinth ist wohl eine Reminiszenz an die ungewöhnliche, geradezu verwirrend erscheinende Größe minoischer Königspaläste. Aus der architektonischen Form entstand sehr früh schon die Vorstellung von einer geometrischen Figur mit gewundenen Linien. Die früheste Bezeichnung eines labyrinthartigen Gebildes als »Labyrinth« findet sich in einer ungewöhnlichen Quelle: Es ist ein Graffito aus Pompeji mit dem Zusatz *hic habitat Minotaurus*, »hier wohnt der Minotaurus«. Den metaphorischen Gebrauch des Begriffs im Sinne allgemeiner Verwicklungen und Irrungen des Lebens kennt die Antike schon, doch ist er eher spärlich bezeugt.

Lakonisch

Eine *lakonische* Antwort ist knapp, kurz und bündig, nicht selten schlagfertig; eine lakonische Ausdrucksweise kann auf das Gegenüber schon einmal irritierend, ja verletzend wirken. »Erfinder« der lakonischen Kürze waren die Spartaner. Sie wurden als Bewohner der Landschaft Lakonien im Süden der Peloponnes auch *Lákones*, ›Lakonier‹, genannt. Zur spartanischen Ideologie und Selbststilisierung gehörte die Überzeugung: Spartaner machen nicht viele Worte, sie sagen, wie es ist. Und vor allem: Sie handeln.

Larve

Wenn ein Bösewicht *entlarvt* wird, dann scheint das auf den ersten Blick im Unterschied zu harmloseren Verwendungen des Wortes – vor allem die Insektenlarve ist ein argloses Wesen! – nahe am lateinischen Verständnis des Wortes. Die *larvae* galten ursprünglich als Gespenster und böse Geister, die Wahnsinn verursachten. Das Verb *larvare* bedeutet ›behexen‹, ein *larvatus* ist ein durch bösen Zauber wahnsinnig gewordener Mensch. Im übertragenen Sinne wurde die *larva* dann zur ›Maske‹ mit fratzenhaften Zügen und einem abschreckenden Gesichtsausdruck. Damit entfernt sich die moderne Rezeption beträchtlich von dem, was das Lateinische meint: Denn wir wollen ja meist jemandem die Larve herunterreißen, ihn entlarven, damit man sein wahres Gesicht sieht – die hässliche Fratze hinter der kaschierenden Larve.

Legion

Die *Legion* als Synonym für eine unbestimmte große Zahl verdanken wir der Bibelübersetzung Martin Luthers. Auf die Frage nach dem Namen des »unreinen Geistes« lässt Luther den Begriff *legio* stehen, den die lateinische Bibelfassung (Vulgata) verwendet: »Legion heiße ich, denn wir sind viele« (*legio mihi nomen est, quia multi sumus*; Mk 5, 9). Im historischen Sinne läge diese Vielzahl bei rund 6000. Das war die Sollstärke einer römischen Legion in der frühen Kaiserzeit. Um das Jahr 200 n. Chr. gab es 33 Legionen. Sie waren durchnummeriert und trugen zusätzlich einen individuellen Namen. Die Nummern der 17., 18. und 19. Legion, die in der Schlacht im Teutoburger Wald untergegangen waren (9 n. Chr.), sind allerdings nie wieder vergeben worden – allzu furchtbar erschien die Erinnerung an diese militärische Katastrophe, die Kaiser Augustus monatelang umgetrieben hatte: *Quintili Vare, legiones redde,* soll er ausgerufen haben, als er die Nachricht von der *Variana clades* (›Niederlage des Varus‹) erhielt: »Quintilius Varus, gib die Legionen zurück!« (Sueton, Augustus 23, 2).

Lesbisch

In dem heute gebräuchlichen Sinne ist der Begriff relativ jung; er kam erst in der zweiten Hälfte des 19. Jh.s als Terminus für weibliche Homosexualität auf. Sein geographischer Hintergrund ist die griechische Insel Lesbos, »inhaltlich« nimmt er Bezug auf den Kreis von Mädchen und jungen Frauen, die die Dichterin Sappho um 600 v. Chr. auf Lesbos um sich scharte. Dort wirkte sie als Lehrerin, indem sie unter anderem ihre einfühlsamen Liebesgedichte vortrug. In dieser Liebespoesie gibt es einige wenige Stellen, die sich als Ausdruck weiblicher Homoerotik deuten lassen, doch steht diese Thematik nicht im Vordergrund. Schon in der Antike wurde hier und da die Frage diskutiert, ob Homosexualität Teil der »Erziehung« im Zirkel der Sappho gewesen sei. Ovid lässt die Dichterin solche Unterstellungen empört zurückweisen (Heroinenbriefe XV 201 ff.) – was zwar nicht als historische Quelle zu deuten ist, aber der Wirklichkeit näher kommen dürfte als die These ausgeprägter *lesbischer* Neigungen Sapphos. Eines lässt sich, egal ob man das moderne Substantiv als Kampf- oder als Schmähbegriff auffasst, sicher sagen: Eine Lesbe war Sappho gewiss nicht, wohl aber eine Lesbierin.

Liturgie

Die Rückkehr zur lateinischen *Liturgie*, die seit 2007 in der katholischen Kirche wieder möglich ist, könnte den Eindruck eines lateinischen Ursprungswortes erwecken. Tatsächlich aber ist *leiturgía* ein griechisches Wort, unter dem man einen ›Dienst am Volk‹ verstand (*leós* ›Volk‹, *érgon* ›Werk‹). Offiziell war es eine große Ehre, wenn man zum Leiturgen auserkoren wurde, de facto war es aber eine erhebliche finanzielle Last. Die athenische Demokratie kannte eine ganze Reihe von Leiturgien, darunter die Finanzierung von Theaterstücken und die Jahreskosten für die Ausrüstung eines Kriegsschiffes. Mancher wohlhabende Athener fühlte sich durch dieses System des Zwangssponsorentums geradezu ausgebeutet. Aus dem Dienst für die staatliche entwickelte sich die *liturgia* als lateinisches Lehnwort zum Dienst für die kirchliche Gemeinschaft. Daraus entstand die heute übliche Bedeutung einer festgelegten Form des Gottesdienstes, bei der die sonst so heftig diskutierte Frage der lateinischen Liturgie keine Rolle spielt.

Lukullisch

Lukullische Genüsse gehen auf den berühmten Feinschmecker Lucius Licinius Lucullus (100–56 v. Chr.) zurück. Seine »erste« Karriere ist gegenüber seinen lukullischen »Verdiensten« einer größeren Öffentlichkeit nicht mehr bekannt. Dabei war er ein außerordentlich fähiger Verwaltungsbeamter und Feldherr, dem in Kleinasien gegen König Mithridates von Pontos erhebliche militärische Erfolge gelangen. Nachdem Lucullus aus innenpolitischen Gründen kaltgestellt worden war, widmete er sich intensiv seiner »zweiten« Karriere als Gourmet und bekennender Anhänger des Luxus. Seine Gastmähler waren von der qualitativen wie von der Kostenseite legendär – und trugen ihm bei traditionsbewussten Römern den wenig schmeichelhaften Ruf eines Schlemmers und Verschwenders ein. Europa verdankt Lucullus die Einführung einer neuen Frucht: Aus dem Schwarzmeerraum brachte er den *cerasus* mit, den Deutschen und den Engländern besser bekannt unter den davon abgeleiteten Lehnwörtern ›Kirsche‹ und *cherry*.

Luxus

Ob *Luxus* positiv oder negativ konnotiert wird, hängt entscheidend von der Einstellung des Bewertenden ab. Sicher ist, dass damit ein Aufwand bezeichnet wird, der verschwenderische Dimensionen hat oder zumindest eine deutliche Steigerung gegenüber dem Notwendigen zum Ausdruck bringt. Der Begriff entstammt der lateinischen Sprache. Sie versteht unter *luxus* zunächst einen botanischen Terminus – eine ›üppige Fruchtbarkeit‹, ein ›wucherndes Wachstum‹, mithin eine verschwenderische Fülle der Natur, wie sie anderswo oder in anderen Bereichen so nicht zu beobachten ist: Ein enormes Mehr gegenüber der Normalität. Die Übertragung des botanischen *luxus*-Begriffs auf die Lebensweise der Menschen erfolgte sehr früh – und ebenso die negative Besetzung des Begriffs durch die Anhänger des traditionellen *mos maiorum* (›Sitte der Vorväter‹). *Luxus* und *luxuria* entwickelten sich in der innenpolitisch-ideologischen Auseinandersetzung der Römer zu Kampfbegriffen; »Luxus-Jünger« werden »unrömischer« Schlemmerei, Prasserei, Entfaltung überflüssiger Pracht beschuldigt und müssen sich gegen solche Anfeindungen zur Wehr setzen. Zwar führt beinahe die gesamte Oberschicht seit dem 2. Jh. v. Chr. ein luxuriöses Leben, aber die wenigsten wagen es, sich offen dazu zu bekennen – zumal auch die wichtigsten philosophischen Systeme dem *luxus* skeptisch gegenüberstehen. Im Unterschied zu den römischen Verhältnissen ist größere Ehrlichkeit in und zu »Luxus-Bekenntnissen« heutzutage unverfänglich und erfordert deutlich geringeren Mut als zu Zeiten etwa eines Lucullus.

Mäander

Man stünde vermutlich auf verlorenem Posten, wollte man versuchen, das unschöne umgangssprachliche Verb ›herum eiern‹ durch das gediegenere Wort *mäandern* zu ersetzen. Die Bedeutungen sind freilich nicht weit voneinander entfernt. Unter *mäandern* versteht man ein ›Sich-Schlingen‹, ›Sich-Winden‹ und ›Wabern‹, das seinen bildlichen Ausgang von einem kleinasiatischen Fluss genommen hat: Der Maiandros (heute: Menderes) windet sich in Flussschleifen, die sich teilweise fast bis zu 180°-Bögen formen, durch die Landschaft, bevor er zwischen Priene und Milet ins Meer mündet. Seine legendären Windungen wurden zum Vorbild eines Ornaments, das mit orthogonalen Elementen ständig zu sich selbst zurückzukehren scheint und gleichwohl mit seinem labyrinthartigen Umlaufmuster stetig voranschreitet. Das sog. Mäanderband ist eines der bedeutendsten Ornamente der antiken Kunstgeschichte; es ist von der urgeschichtlichen Epoche bis zur christlichen Spätantike vielfach bezeugt – auch wenn es noch nicht unter diesem Begriff firmierte.

Märtyrer

Unter *mártys* versteht man im Griechischen einen ›Zeugen‹, einen ›Merker‹, der einen Sachverhalt nötigenfalls auch vor Gericht bestätigen kann. Das *martýrion* ist damit eine ›Bezeugung‹, ein ›Beweis‹. In diesem Sinne wird der Begriff auch im Neuen Testament gebraucht: Die Apostel sind *mártyres* für das Leben und Wirken Jesu Christi; sie legen Zeugnis ab von seiner göttlichen Existenz und seiner Heilsbotschaft.

Erst nach dem Tode der Apostel füllte sich der Begriff unter dem Eindruck der Christenverfolgungen mit neuem Inhalt, indem er auf Menschen übertragen wurde, die ihren christlichen

Glauben auch unter Foltern und Erleiden der Todesstrafe bezeugten. Der *Märtyrer* (oder »Martyrer«) wird zum christlichen »Blutzeugen«. Ein vergleichbarer Märtyrer-Begriff konnte sich in der polytheistisch geprägten Welt der Antike anderswo nicht herausbilden, da, vom Judentum abgesehen, keine Religionsgemeinschaft eine unbedingte Treue zu einer einzigen Gottheit verlangte.

Im modernen Sprachgebrauch ist eine deutliche »Verweltlichung« des Märtyrer-Begriffs festzustellen. Als Märtyrer werden inzwischen allgemein Opfer ihrer Überzeugung, die dafür gewisse Nachteile erleiden, bezeichnet – oder auch Menschen, die sich selbst zumindest subjektiv verfolgt fühlen, ihre Opferrolle teilweise plakativ zur Schau stellen und dadurch Mitleid und Mitgefühl erregen. Deshalb gilt in der Politik und in anderen Bereichen der Grundsatz, möglichst keine Märtyrer zu schaffen, die zwar nicht um Leib und Leben fürchten müssen, aber im ursprünglichen Sinne als »Zeugen« für das tatsächliche oder vermeintliche Fehlverhalten der »Täter« wahrgenommen werden könnten.

Mäzen

In Zeiten knapper öffentlicher Kassen steht Mäzenatentum hoch im Kurs. *Mäzene* sind Sponsoren, die im Kultur-, aber auch im Sportbereich mit großzügigen Stiftungen kräftige Förderakzente setzen. In dieser Rolle sind sie von ihrem römischen Vorgänger nicht weit entfernt: Gaius Cilnius Maecenas (um 70–8 v. Chr.) war ein enger Vertrauter des Kaisers Augustus, in gewissem Sinne sein Kulturminister. Er hielt nach jungen literarischen Talenten Ausschau und förderte sie in jeder Hinsicht – durchaus auch in materieller. Mit Horaz, Properz, Vergil und anderen scharte er einen Kreis von Dichtern und Intellektuellen um sich, die er behutsam, aber auch zielstrebig im Sinne des Kaisers förderte – ohne von ihnen kritiklose Hofpoesie zu verlangen. Wie wichtig Mäzene für die kulturelle Blüte eines Landes sind, bringt schon der Spötter Martial ganz unspöttisch auf den Punkt: *sint Maecenates, non deerunt Marones*, prophezeit er, »sind nur Mäzene da, dann wird es auch an Dichtern wie Maro (Vergil) nicht fehlen« (VIII 56, 5).

Magisch

In der *magischen* Anziehungskraft steckt hohes Verzauberungspotential – im Positiven wie im Negativen. Das Adjektiv ›magisch‹ wird gewöhnlich positiv konnotiert, beim Substantiv ›Magie‹ dagegen stellt sich auch die unheimliche alternative Assoziation der »schwarzen Magie« ein. Der Magier als Verursacher des Magischen ist ein ambivalenter, aber doch eher freundlich aufgenommener Begriff. In jedem Fall handelt es sich bei allen Spielarten des Magischen um etwas Irrationales, Übernatürliches, etwas, das sich mit normalen Maßstäben und nachvollziehbaren Kriterien nicht erklären lässt. Magie ist geheimnisvoll und auch ein bisschen verdächtig, weil sie jenseits der Realität des Erklärlich-Durchschaubaren operiert. Aber eben diese andere Bezugswelt macht einen nicht unerheblichen Teil ihrer Faszination aus.

Der Begriff leitet sich von einer persischen Priesterkaste ab, den *magoí*. Ihre undurchsichtigen Aktivitäten, die sich auch auf die Zukunftsdeutung bezogen, nannten die Griechen *mageía*; die Römer latinisierten den Begriff zu *magia*. Magische Kräfte galten als übernatürliche Wirkkräfte, die sich von »Eingeweihten« u. a. mit Hilfe bestimmter Riten und Formeln aktivieren ließen – und zwar sowohl zum eigenen Vorteil als auch zum Schaden anderer. Die wichtigsten Sparten der antiken Magie waren Schutz-, Heilungs-, Schadens- und Liebeszauber. Wichtige Medien der Magie bzw. Anti-Magie waren am Körper getragene Amulette sowie bleierne Fluchtäfelchen und Zauberpuppen, die in den Boden eingegraben wurden.

Magische Praktiken wurden im kaiserzeitlichen Rom offiziell nicht gern gesehen, aber im Alltag intensiv eingesetzt. *Magi*, ›Magier‹, wurden als mögliche Umstürzler verdächtigt und ab und zu aus Rom ausgewiesen – was sie indes als Zukunftsdeuter und Zauberer für viele Kunden umso interessanter machte. Das Christentum lehnte alle Spielarten der Magie ab, auch weil sie sich mit Dämonen einzulassen schien. Gleichwohl erfreuten sich auch noch in der »christlichen« Spätantike magische Rituale großer Beliebtheit. *Magia* und *magicus* beziehen sich im Lateinischen stets auf tatsächliche ›Zaubereien‹ und ›Zauberkünste‹; in der harmloseren übertragenen Bedeutung von etwas ›Ver- oder Bezauberndem‹ kommen sie nicht vor.

Marathonlauf

42,195 Kilometer misst die Marathonstrecke als olympische Disziplin. *Marathonläufe* werden seit einiger Zeit in vielen Metropolen als *Events* zelebriert und ziehen Tausende oder sogar Zehntausende ambitionierter Läufer an. Als Sportdisziplin ist der Marathonlauf freilich relativ jung: Er wurde 1896 in das Programm der »wiederbelebten« Olympischen Spiele aufgenommen. Bei den antiken Olympien war er unbekannt.

Die historische »Legitimation« geht auf das Jahr 490 v. Chr. zurück, als das persische Invasionsheer in der Ebene von Marathon im Osten Attikas landete – und von einer vergleichsweise kleinen athenischen Streitmacht zurückgeschlagen wurde. Um diesen Sieg in der Hauptstadt zu melden (und gleichzeitig davor zu warnen, dass die persische Flotte bald um Kap Sunion herumfahren und Athen direkt angreifen könne), wurde ein schwerbewaffneter Soldat vom Schlachtfeld nach Athen geschickt. Er legte die Strecke zwischen Marathon und Athen, sozusagen die Marathondistanz, im Dauerlauf zurück, verkündete die Siegesbotschaft – und brach tot zusammen. Eine spektakuläre Geschichte, die nur einen Schönheitsfehler aufweist: Zumindest der tragische Schlussakkord dürfte ins große Reich der historischen Legenden gehören.

Martialisch

Ein *martialisches* Äußeres, eine martialische Gesinnung oder martialische Töne halten uns auf Distanz. Das alles wirkt allzu kämpferisch, ja kriegerisch. In der Tat ist *Martialis* das Adjektiv zum Kriegsgott Mars – allerdings im Lateinischen nur ein Epitheton, das die Zugehörigkeit zu Mars aussagt, nicht aber für eine bestimmte Mentalität steht. Ein weiteres Adjektiv zu Mars ist *Martius*. Im »März«, dem *mensis Martius*, ›Monat des Mars‹, huldigen wir noch heute dem römischen Gott des Krieges und Stammvater der Römer (der Legende nach war Mars der Vater von Romulus und Remus). Die »Marter« hat indes nichts mit Mars zu tun; sie geht auf die Märtyrer (gr. *mártyres* ›Zeugen‹) zurück, die das Blutzeugnis für den christlichen Glauben auch unter Martern abgelegt haben: Das Martyrium ist eigentlich eine ›Zeugenschaft‹, die dann durch die z.T. furchtbaren Begleitumstände zu einem Synonym für ›schweres Leiden‹ wurde.

Matrone

Einer Frau eine matronenhafte Erscheinung zu attestieren ist nicht gerade charmant. Denn das verbindet sich immer weniger mit Würde, Respekt und Hochachtung. Stattdessen schwingt ein spöttischer Unterton mit, der die »Gesetztheit«

der *Matrone* mit »älterer«, »fülliger« und »unattraktiver« Frau konnotiert. Bei der römischen *matrona* stand dagegen ihre anerkannte gesellschaftliche Stellung als ehrbare, verheiratete Frau und Mutter (in *matrona* steckt *mater* ›Mutter‹) im Vordergrund, die dem Haushalt vorstand und von allen Mitgliedern der *familia* respektiert wurde. In der Regel waren es Damen »von Stand«, also Angehörige der Oberschicht, die diesen Ehrentitel trugen und in der Republik möglicherweise sogar in einem *ordo matronarum*, einem »Matronen-Kollektiv«, zusammengeschlossen waren. Als Standesabzeichen trugen sie die knöchellange, faltenreiche Stola der Matronen und in das Haar geflochtene Bänder. Damit wurde ihr hoher gesellschaftlicher Rang dokumentiert – sowie ihr Anspruch, am Feiertag der Matronalia, dem 1. März, von ihren Ehemännern Geschenke zu bekommen. Man könnte, wenngleich etwas despektierlich und stark aktualisierend, eine Parallele zum modernen »Muttertag« ziehen.

Mausoleum

Ein repräsentativer, prächtiger Grabbau wird als *Mausoleum* bezeichnet, und das seit mehr als 2300 Jahren. Der Name geht auf den König Maussolos von Karien zurück, der im Jahre 353 v. Chr. in seiner Residenzstadt Halikarnassos (Südwest-Türkei, heute Bodrum) verstarb. Ihm ließ seine Frau Artemisia ein gewaltiges Grabmonument errichten, das zu den Sieben Weltwundern gezählt wurde. Und das nicht von ungefähr: Mit einer Gesamthöhe von rund 50 Metern war das Mausoleum ein imposanter Bau, der sich in vier Elemente unterteilte: einen dreistufigen Sockel von 32 × 26 Metern Grundfläche, ein Hauptgeschoss mit einer Ringhalle von ionischen Säulen, ein 24-stufiges Pyramidendach darüber und schließlich die plastische Darstellung eines von Maussolos und Artemisia gelenkten Viergespanns an der Spitze. Dieser monumentale Grabbau-Typus lud auch Römer zur Nachahmung ein. Noch bevor er die Alleinherrschaft errungen hatte, ließ Octavian, der spätere Augustus, als Bekenntnis zur Hauptstadt Rom die Grabstätte der Gens Iulia auf dem Marsfeld bauen, das Mausoleum Augusti. Gut eineinhalb Jahrhunderte später entstand ein weiteres kaiserliches Grabmonument von riesigen Ausmaßen in unmittelbarer Nähe des Tibers, das Mausoleum Hadrians, heute besser bekannt unter dem Namen »Engelsburg«.

Mentor

Der *Mentor* ist ein Synonym für einen klugen Ratgeber, einen zugewandten Lehrer und Begleiter, an den man sich jederzeit wenden kann, nicht selten auch für einen väterlichen Freund. Eben diese Stellung nahm der »historische« Mentor ein, ein Vertrauter des Odysseus, dem er während seiner Abwesenheit die Aufsicht über seinen Sohn Telemach und sein Haus anvertraut. Mentor erweist sich als die richtige Wahl. Er macht sich nicht nur um die Erziehung des jungen Telemach verdient, sondern bezieht auch energisch gegen die dreisten Freier Stellung, die Penelope, die Gattin des Odysseus, bedrängen. Nicht selten lässt Homer Athene in die Gestalt Mentors schlüpfen und ihren Schützlingen in dieser »Verkleidung« beistehen – womit die sprachlich nicht ganz so glückliche Bildung »Mentorin« zumindest inhaltlich voll gerechtfertigt ist.

Metropole

Bei aller Wertschätzung ihrer kulturellen und geschichtlichen Bedeutung – aber Korinth und Megara, Milet und Phokäa sind wahrhaftig keine *Metropolen*. »Aber sicher sind sie das«, hätten Griechen erwidert – und sie hätten damit recht gehabt. Denn eine Metropole ist im etymologischen und historischen Sinne eine ›Mutterstadt‹ (*méter* ›Mutter‹, *pólis* ›Stadt‹), und diese vier Städte haben während der Epoche der Großen Griechischen Kolonisation (um 750 – 550 v. Chr.) jeweils eine Reihe von Pflanzstädten im Mittelmeerraum gegründet. Die Beziehungen zwischen der *metrópolis* und der *apoikía* genannten Kolonie blieben in aller Regel sehr eng, auch wenn sich die Pflanzstädte selbständig entwickelten und nicht selten größer und bedeutender wurden als ihre »Mütter«. Die Metropole in der heutigen Bedeutung ›Weltstadt‹ ist erst eine Schöpfung der Neuzeit. Wenn wir ›Metropole‹ synonym mit ›Zentrum‹ verwenden – so etwa, wenn wir von einer Handels-, Finanz- oder Kunstmetropole sprechen, dann klingt da das »Mütterliche« des griechischen Ursprungsbegriffs im Sinne des Ausgangs- und Mittelpunktes an.

Mime

Das Synonym *Mime* für ›Schauspieler‹ muss nicht abwertend gemeint sein, hat aber mitunter eine etwas despektierliche Konnotation. Das passt ganz gut zur Wahrnehmung von *mímoi* (lat. *mimi*) in der Antike. Der *mímos* bezeichnet den in populären Stücken auftretenden Protagonisten auf der Bühne – fast so, wie wenn man heute vom »Volksschauspieler« spricht. Etymologisch gesehen war er ein ›Nachahmer‹ (gr. *mimeísthai* ›nachahmen‹), der bestimmte Typen möglichst originalgetreu nachstellte. Im Unterschied zum »großen« Theater trug der *mímos* keine Maske, so dass seiner Mimik im eigentlichen Sinne des Wortes eine große Bedeutung zukam. Auch das Stück, in dem er auftrat, hieß *mímos* bzw. bei den Römern *mimus*. Diese Theaterstücke fanden ihre Vorlagen im Alltag, und der war oft genug banal: Gewalt, Trunkenheit, *sex and crime* und andere menschliche Schwächen – all das lieferte den Stoff für die ›Mimen‹. Entsprechend derb, komisch und obszön war ihre Sprache. Die Mimen blieben auch neben dem »klassischen« Drama beliebt; ihre Aufführungsorte waren Straßen und Plätze, Volksfeste und improvisierte Bühnen.

In Rom war der *mimus* in der Kaiserzeit die beliebteste Komödienform. Wegen der anspruchslosen Stoffe, die sich vorwiegend auf Klamauk, Situationskomik und Obszönitäten konzentrierten, sind keine Stücke überliefert; eine Ausnahme stellen nur die Sentenzen des Mimendichters Publilius Syrus dar. Die männlichen und weiblichen Schauspieler waren zwar personenrechtlich gesehen wie fast alle im Unterhaltungswesen Tätigen ehrlos (*infames*), die besten erfreuten sich indes bei der Masse einer Popularität, die sie durchaus zu »Stars« im heutigen Sinne werden ließ – Größen des römischen Showbusiness, die es mit dem Starrummel um die bekanntesten Hollywood-Mimen unserer Tage durchaus aufnehmen konnten.

Monopol

Die Begriffe *Monopol* und *monopolisieren* werden recht häufig auch außerhalb der Terminologie der Wirtschaft gebraucht. Auch wenn kein ›Alleinverkauf‹ in der ursprünglichen Bedeutung des Wortes vorliegt (gr. *mónos* ›allein‹, *poleín* ›verkaufen‹), sprechen wir von einer Monopolisierung der öffentlichen Meinung, vom Gewaltmonopol des Staates oder sogar davon, dass jemand zulässig, aber dreist Parkraum »monopolisiere«. Das Verkaufsmonopol als Ausschluss von Wettbewerb kannten die Griechen durchaus; die Sache war indes geläufiger als der Begriff, der erstmals bei Aristoteles als *monopolia* bezeugt ist; bezeichnenderweise im Zusammenhang einer fiskalischen Maßnahme: »Deshalb gebrauchen auch viele Staaten dieses Mittel, wenn sie in Geldschwierigkeiten sind. Sie machen den Verkauf von Waren zum Staatsmonopol« (Politik 1259 a 21 ff.).

Das war nichts Ungewöhnliches. Im klassischen Griechenland sind Monopole u. a. auf Getreide, Blei und Bankgeschäfte bezeugt. Auch die Ausbeutung von Bodenschätzen war im Prinzip ein Staatsmonopol, das an private Unternehmer verpachtet wurde. Der hellenistische Staat hatte starke staatswirtschaftliche Züge mit etlichen Monopolen. Im ptolemäischen Ägypten waren u. a. Öl, Stoffe, Honig, Fische und Papyrus Staatsmonopole. Rom kannte ein staatliches Salzmonopol und weitere Warenmonopole, die aber vielfach nicht ganz eindeutig sind. Eines der kuriosesten dürfte das Monopol auf Igelfelle gewesen sein, das indes nach dem Zeugnis des Älteren Plinius wie andere *monopolia* großen Ärger verursachte – wie es überhaupt »über nichts häufiger Senatsbeschlüsse gegeben hat als über den mit Monopolen verbundenen Betrugsverdacht« (Plinius, Naturgeschichte VIII 135).

Monster

Wenn die Götter vor etwas warnen oder zu etwas mahnen wollten, dann schickten sie schon einmal ein *monstrum* (von lat. *monere* ›mahnen‹); eine naturwidrige Erscheinung, die mit ihrem »monströsen« Aussehen Furcht und Abscheu erregt. Das »moderne« *Monster* tritt damit ziemlich passend in die Fußstapfen des lateinischen *monstrum*; das eine wie das andere ist ein ›Ungeheuer‹, ein ›Scheusal‹, das durch seine Anomalität auffällt und abstößt. Im Politikbetrieb der Römer, der vor Verbalinjurien nicht zurückschreckte, war ein dem Gegner entgegen geschleudertes *monstrum!* eine nicht unübliche Beleidigung. Im Unterschied zum heutigen ›Monster‹ kann das *monstrum* aber auch ein Gespenst in einem Spukhaus sein, das die

Menschen durch sein schreckliches Aussehen entsetzt und vertreibt – auch wenn es manchmal nur ein fiktives ›Gespenstchen‹ ist wie in der Plautus-Komödie »Mostellaria« (Verkleinerungsform von *monstrum*).

Monument

Ersetzt man *Monument* durch ›Denkmal‹, so ist man damit nahe am Ursprung des Wortes. Das *monumentum* ist eigentlich ein *monimentum*, ein Medium, das an etwas ›erinnert‹ oder ›gemahnt‹. Das lateinische Verb *monere* steckt darin, ›er‹- und ›gemahnen‹. Auch bei den Römern verbindet sich das *monumentum* häufig mit einem Bau, der an ein Gelübde, an einen Sieg oder eine Verpflichtung gemahnte – ein Tempel, ein öffentliches Gebäude oder auch eine Statue. Der römischen Mentalität entsprach es, auch an Verstorbene zu erinnern oder sich selbst zu Lebzeiten noch ein Denkmal zu setzen – daher die weitere Bedeutung ›Grabbau‹ für *monumentum*. Dass von einem *monumentum* eine gewisse Repräsentation und Größe ausging, verbanden auch die Römer mit dem Begriff – nicht aber, dass es besonders monumental im Sinne enormer Ausdehnungen sein sollte.

Mores (lehren)

Wem der erhobene Zeigefinger im Verbund mit verbaler Derbheit zu rustikal erscheint, der kann die gleiche Wirkung sprachlich vornehmer erreichen, wenn er seinem Gegenüber verspricht, ihn *Mores zu lehren* – wobei allerdings wegen des starken »Verwendungsrückgangs« dieser Redensart die Gefahr besteht, dass der ihn gar nicht versteht. Die lateinischen *mores* haben durchaus mit Moral, Sitte und Anstand zu tun; *mos* ist die ›Sitte‹, und die Gesamtheit der individuellen ›Sitten‹ war als *mores* bei den Römern gleichbedeutend mit ›Charakter‹. Den aber kann man nicht lehren; deshalb stellt man beim *mores*-Lehren in Aussicht, dass man dem anderen Anstand und ordentliches Benehmen beizubringen beabsichtige – in der Vergangenheit nicht selten eine versteckte Androhung von Prügeln. Das kommt zwar sprachlich elegant-euphemistisch daher, ist in der Sache aber häufig rustikaler als der erhobene Zeigefinger.

Morpheus

Um wie viel poetischer klingt es statt des banalen ›Schlafens‹, wenn man in *Morpheus'* Armen ruht! Morpheus galt als einer der Söhne des Schlafgottes Hypnos; literarisch tritt er erstmals in Ovids »Metamorphosen« in Erscheinung. Weil sie schläfrig und schmerzunempfindlich machen, wurden in der Neuzeit das Morphium und die Morphine nach dem griechischen Gott benannt, der auch im Ruf stand, Träume hervorzurufen. Damit zog er rezeptionsgeschichtlich sozusagen mit seinem Vater gleich, dem wir den schlafähnlichen Zustand der Hypnose verdanken.

Muse

Wer von den *Musen* geküsst wird, hat eine künstlerische, meist literarische Inspiration. Man kann sich in den Dienst der Musen stellen oder den Musen leben – das sind Metaphern für einen künstlerisch-kreativen Beruf. Eine Person, die uns vor allem im kreativen Schaffensprozess inspiriert, nennen wir unsere »Muse«. Theater sind als Musentempel ein Begriff und natürlich ist auch das Museum ursprünglich ein *mouseíon*, ein

›Musensitz‹. Die Musik schließlich hat rezeptionsgeschichtlich bedingt das Glück gehabt, als einzige (von ehemals neun) Musen-Disziplinen die »Muse« heute noch gewissermaßen im Namen zu führen. Musen, das zeigt dieser knappe Überblick, sind uns im Alltag durchaus vertraut. Und sie haben durchweg einen positiven Klang, abgesehen vielleicht vom Adjektiv ›museal‹, das die Konnotation des ›Überholten‹, ›Verstaubten‹ hat.

Die Vielfalt der heute noch gebräuchlichen Musen-Zitationen entspricht ihrer enormen Bedeutung in der Antike. Sie galten als Töchter des Zeus und der Mnemosyne/Memoria, der Göttin der Erinnerung. Ihre mütterliche Abstammung dokumentiert die Tatsache, dass die Musen nicht nur als Personifikationen der Künste wahrgenommen wurden, sondern dass sie auch die Fähigkeit des Menschen repräsentierten, sich selbst zu reflektieren und sich seiner Stellung in einem historischen Kontinuum bewusst zu sein. Die Musen sind sozusagen memoriale Wesen, die neben der kulturellen Gegenwart und Zukunft auch die kulturelle Vergangenheit verkörpern.

Möglicherweise stand am Anfang nur eine einzige Muse. Homer jedenfalls beschränkt sich im Musenanruf zu Beginn seiner Werke darauf, eine Muse um Unterstützung zu bitten. Wenige Jahrzehnte später ruft Hesiod die Musen im Plural an. Ihre Zahl stieg in der klassischen Epoche auf neun. Die Funktionsbereiche der Musen waren nur grob festgelegt. Als Anführerin galt Kalliope, die für die heroische Dichtung, das Epos, stand. Klio war für die Geschichte »zuständig«, Melpomene für die Tragödie, Euterpe für die Flötenmusik, Erato für die Lyrik, Thaleia für die Komödie, Polyhymnia für den Chorgesang, Terpsichore für den Reigentanz und Urania für die Sternkunde. Handwerk und bildende Kunst, die zum Handwerk zählte, hatten im Unterschied zum modernen Verständnis keine Musen. Führer der Musen war Apollo, als ihr Wohnsitz galt seit Hesiod (7. Jh. v. Chr.) der Musenberg Helikon.

Die Musen genossen kultische Ehren im Range von Göttinnen. Allerdings konnten sie auch – gerade von den Römern, die ihre *Camenae* den Musen gleichgesetzt hatten – metonymisch als Inbegriff von Geist, Bildung und Inspiration verwendet werden: *sine ulla Musa*, ›ohne irgendeine Muse‹, war gleichbedeutend mit ›ungebildet‹, ›geistlos‹. Höchster literarischer Ehre entsprach es, wenn jemand wie die Dichterin Sappho (vgl. *lesbisch*) als zehnte Muse gefeiert wurde (Griechische Anthologie IX 506; 571) – dem hohen kulturellen Niveau, das die Musen verkörpern, deutlich angemessener als die deutsche Scherzfrage nach dem Namen der zehnten Muse, die als Antwort »Pampel« erwartet.

Museum

Ein *museíon*, latinisiert *museum*, war ursprünglich eine Kultstätte zu Ehren der Musen, meist ein Naturheiligtum in einer Höhle, in einem Hain, an einer Quelle oder auf einem Berg (vgl. *Helikon*), häufig mit einem Altar, selten mit einem Tempel. Im Laufe der Zeit entwickelten sich »Musenorte« in enger Beziehung zu Bildungsstätten.

Die Vorstellung vom Musensitz als Pflegestätte der Wissenschaft inspirierte den hellenistischen Herrscher Ptolemaios I. um das Jahr 280 v. Chr. zur Gründung des berühmten Museion im ägyptischen Alexandria. Der König profilierte sich damit als Schirmherr der Literatur und der Wissenschaften; sein »Musenheiligtum« hatte bezeichnenderweise die Organisationsform eines Kultvereins, an dessen Spitze ein Priester stand. Die vom König berufenen und besoldeten Forscher waren Mitglieder des Vereins. Auf Universalität wurde ebenso großer Wert gelegt wie auf Interdisziplinarität, die sich vor allem in den Disputationen der am Museion tätigen Gelehrten erwies. Das Museion, dessen genaue topographische Lage ungeklärt

ist, umfasste unter anderem botanische und zoologische Sammlungen, ein Magazin medizinischer Instrumente und eine Sternwarte.
Das Herzstück aber war die große Bibliothek mit angeblich mehreren hunderttausend Buchrollen. Hier sollte das gesamte Wissen der Welt verfügbar sein. Die stärksten Impulse zu einer intensiven Forschungstätigkeit zielten indes nicht auf die naturwissenschaftlich-mathematischen Disziplinen, sondern auf die Literatur und die Philologie als ihre »Bezugswissenschaft«. Sie standen in einer Weise im Vordergrund, wie es beim modernen Museum in aller Regel nicht der Fall ist. Die Schwerpunkte des modernen »Musendienstes« haben sich deutlich verlagert, wobei immerhin Klio als Muse der Geschichtswissenschaft sich über mangelnde Beachtung nicht beklagen kann.

Mysterium

Von einem *Mysterium* sprechen wir vornehmlich im religiösen Kontext, etwa im Zusammenhang mit dem Sakrament. Das Adjektiv ›mysteriös‹ wird viel häufiger verwendet, ein Synonym zu ›geheimnisvoll‹. Das Wort ist als Analogiebildung aus dem Französischen ins Deutsche gelangt; im Lateinischen gibt es *mysteriosus*, ›geheimnisvoll‹, nicht, wohl aber das *mysterium* als Übernahme des griechischen *mystérion*.

Unter den *mystéria* verstanden die Griechen primär das Hauptfest der Demeter und der Kore/Persephone im attischen Eleusis. Die Eleusinischen Mysterien waren ein »Geheimkult«, der nicht unmittelbar Teil der Staatsreligion war, sondern sich nur an Eingeweihte (*Mysten*) richtete. Zentrale Vorstellungen waren die Verehrung der Fruchtbarkeit und die Überwindung des Todes. Die in die geheimen Riten Eingeweihten konnten sich Hoffnungen auf ein seliges Leben im Jenseits machen; solchen transzendentalen Bedürfnissen wurde die »normale«, die gesamte Bürgerschaft verpflichtende Religion nicht gerecht. Von den Eleusinischen Mysterien wurde der Begriff auch auf andere geoffenbarte »Geheimkulte« übertragen, die in Griechenland wie in Rom als »Privatreligionen« unbehelligt blieben, sofern sie die Staatsreligion akzeptierten und keine staatsgefährdenden Ziele zu verfolgen drohten. Die meisten dieser Kulte versprachen den Mysten ein Weiterleben nach dem Tode; zu den bedeutendsten zählten die Mysterien des Dionysos/Bacchus, der Kybele, der Isis sowie des Mithras. In der antiken Terminologie könnte man auch das Christentum zu den Mysterienkulten rechnen; der Konflikt mit dem römischen Staat resultierte aus dem ersten Gebot der Christen, das ein Miteinander von Staats- und »Privat«-Religion ausschloss.

Mythos

Die Mythologie der Griechen und Römer gehört noch immer zum abendländischen Kulturerbe, das in bedeutenden Gestalten vor allem von Göttern und Heroen recht präsent ist – nicht zuletzt dank Ovids »Metamorphosen«, die auch als literarisch geformtes Kompendium des antiken *Mythos* rezipiert worden sind. Die ursprüngliche Bedeutung von Mythos ist ›Wort‹. Das Adjektiv *mythódes*, ›mythenhaft‹, diente seit der sophistischen »Aufklärung« im 5. Jh. v. Chr. dazu, in Abgrenzung von historisch glaubwürdigen Berichten nicht gesicherte Erzählungen zu bezeichnen, nicht selten mit der negativen Konnotierung des Fiktiven, nur Ersonnenen. Andererseits spiegelten und spiegeln sich im Mythos Alltagserfahrungen, die das gesellschaftliche, politische und religiöse Leben der Menschen, ihre Empfindungen und Verhaltensweisen, ihre Charaktere und Interaktionsformen anschaulich und gewissermaßen zeitlos typisieren. Es gibt eine tiefere Wahrheit des Mythos, auch wenn der sich als erfundene, traditionelle Erzählung präsentiert, die keine historischen »Fakten« wiedergibt. Sicher wurde das auch von vielen rationalen, »aufgeklärten« Menschen in der Antike so empfunden. Dass der Mythos in großen Teilen eng verwoben war mit der Religion, hielt ihn im kollektiven Gedächtnis lebendig und trug vor allem bei den Griechen zur Ausprägung einer gemeinschaftlichen Identität als Kulturnation bei.

Das rationalistische Verständnis des Mythos, wie es auch im lateinischen Begriff *fabula* zum Ausdruck kommt, hat bei der modernen Bedeutungsvariante Pate gestanden, die den Mythos synonym zur ›Legendenbildung‹ verwendet. Dass »der« antike Mensch den Mythos in einer bestimmten vergleichbaren Weise wahrgenommen hätte – diese Behauptung dürfte man mit Fug als modernen Mythos in dem eben skizzierten Sinn bezeichnen.

Narziss

Jemandem eine narzisstische Persönlichkeit zu bescheinigen ist für den Betroffenen wenig schmeichelhaft. Der *Narziss* (falsch: »Narzisst«) ist eine selbstverliebte, eitle Person, deren Denken und Fühlen sich ganz überwiegend um sie selbst dreht.

Namensgeber des Narzissmus war eine mythische Gestalt: Der schöne Jüngling Narcissus. Seine tragische Lebensgeschichte stellt Ovid in seinen »Metamorphosen« ausführlich dar: Wie der von vielen begehrte junge Jäger sich allen Verlockungen männlicher und weiblicher Liebhaber entzieht, wie er auch der Nymphe Echo, die ganz und gar in Liebe zu ihm entbrannt ist, die kalte Schulter zeigt und wie er zum Opfer von Echos Fluch wird, dass auch er in seinem Hochmut erfahren solle, wie es ist zu lieben, ohne selbst geliebt zu werden. Dieses Schicksal erfüllt sich, als er sich an einem stillen See in sein Spiegelbild verliebt. Seine Sehnsucht steigert sich zur Sucht – bis er schließlich begreift, in wen er sich da im wahrsten Sinne des Wortes verguckt hat. Die Erkenntnis schützt ihn nicht vor der Selbstliebe, nur im Tod werden »beide« Erlösung finden. Sie wird Narziss zuteil – und sogar dank Ovid nicht nur im Weiterleben des griechischen »Musters«, sondern auch durch die Verwandlung in eine Narzisse.

Nemesis

»Nemesis der Macht« nannte J. W. Wheeler-Bennett seine im Jahre 1953 erschienene, aufsehenerregende Studie zur Rolle der deutschen Armee in der Politik zwischen 1918 und 1945. Ein aussagekräftiger Titel – wenn man *Nemesis* verstand. Sie wurde von den Griechen als Göttin verehrt, die über Anstand und Rechtsgefühl wachte und bei Zuwiderhandlungen das Gebührende ›zuteilte‹ (*némein*): gerechte Vergeltung. Die ständige Begleiterin der Nemesis war die Aidós, im Unterschied und in Ergänzung zu ihr die selbstreinigende ›Scham‹. Außerdem trat Nemesis als Rächerin bei menschlicher Selbstüberschätzung auf den Plan: Auf Hybris folgte Nemesis. Um diese Ursache-Folge-Beziehung zu illustrieren, erzählten sich die Griechen eine hübsche Legende. Bei ihrer Invasion in Attika hatten die Perser einen Marmorblock dabei gehabt, aus dem sie das Siegesdenkmal herstellen lassen wollten. Umso unvorbereiteter traf sie der griechische Sieg bei Marathon im Jahre 490 v. Chr., mit dem Athen nicht nur die eigene Freiheit vor der persischen Großmacht retten konnte. Der angeblich am Strand zurückgelassene Marmorblock fand eine andere Verwendung. Aus ihm fertigte, so die kaum historische Erzählung, der berühmte Phidias die Kultstatue des Nemesis-Tempels im attischen Rhamnus an (Pausanias I 33, 2f.). Hybris kommt vor dem Fall – und den »verdanken« die Hochmütigen, siehe den »Persereinfall«, der Nemesis. Die deutsche Generalität hätte gewarnt sein können.

Nestor

Eine der schönsten Formulierungen, die den Respekt vor dem Alter und der Lebensklugheit eines Älteren zum Ausdruck bringen, ist die Bezeichnung *Nestor*. Sie geht zurück auf den mythischen Nestor, den alten Herrscher von Pylos, der sich durch seinen klugen Rat, seine vermittelnde Position und seine »honigsüße Rede« größter Anerkennung im Lager der Griechen vor Troja erfreut. Alle hören Nestor gern und geduldig zu, wenn er von Erlebnissen aus seiner Jugend erzählt – weil sie wissen, dass das die Quellen seiner Lebenserfahrung sind, die ihn zu einem ebenso umsichtigen wie abgewogen urteilenden Ratgeber macht.

Nymphe

Nymphen waren für den antiken Menschen geradezu omnipräsent. Sie verkörperten die Kräfte der Natur überall dort, wo Leben war: Baumnymphen und Quellnymphen, Nymphen in Grotten und Nymphen auf Bergen, Meeresnymphen und Waldnymphen. Sie wurden als junge Frauen dargestellt, menschenscheu, aber gesellig, oft im Reigen miteinander tanzend oder zusammen mit anderen in der Natur wirkenden Gottheiten auftretend. Im Gefolge des Weingottes Dionysos/Bacchus sind sie häufig mit Mänaden und Satyrn zusammen dargestellt – auch in erotischen Situationen, die wohl zu dem Terminus ›nymphoman‹ geführt haben. Dabei ist der Begriff denkbar falsch gebildet. Das Suffix -man wird in aller Regel an andere Begriffe gehängt, in Bezug auf die man von einer Manie (›Leidenschaft‹) besessen ist. Ein Erotomane ist versessen *auf* Liebe, ein Pyromane versessen *auf* Feuer, ein Kleptomane versessen *aufs* Stehlen. Dementsprechend müsste Nymphomanie nicht die ›Mannstollheit‹ bezeichnen, sondern die leidenschaftliche ›Jagd‹ *auf* Nymphen.

Odyssee

Es muss nicht nur eine Staufahrt auf der Autobahn inklusive Ableitung und Wiederauffahrt sein, die uns von einer *Odyssee* sprechen lässt. Auch ein Parcours durch den Ämterdschungel und selbst die Suche nach einem passenden Kleidungsstück in verschiedenen Geschäften geraten uns flugs zur Odyssee. Über diese eher kurzzeitigen Irrfahrten hätte sich Odysseus als Namensgeber der »historischen« Odyssee wohl ziemlich gewundert: Seine abenteuerliche Irrfahrt vom eroberten Troja in seine Heimat Ithaka dauerte zehn Jahre. Homer hat sie in dem gleichnamigen Epos literarisch verewigt.

Ödipuskomplex

Ob die Psychoanalyse mit ihrem Komplex recht hat oder nicht, dass der männliche Mensch nach Wiedervereinigung mit seiner Mutter als erstem »Objekt« seiner Liebe strebt und den Vater als Konkurrenten beseitigt wissen möchte, steht dahin. Dass sich Sigmund Freud der richtigen mythologischen »Schublade« bedient hat, kann dagegen nicht strittig sein: Ödipus ist ein ganz und gar tragischer Held, der sich in inzestuöse und parrizidale (›vatermörderische‹) Abgründe verstrickt, ohne es zu wissen. Weil ein Orakel davor warnt, dass er seinen Vater töten und seine Mutter heiraten werde, wird Ödipus als Kleinkind ausgesetzt. Von einem Hirten gefunden und aufgezogen, entgeht er dem fast sicheren Tode. Auf dem Weg nach Theben gerät er mit einem Unbekannten in Streit und tötet ihn: Laios, den König von Theben, seinen Vater. Als Belohnung dafür, dass er das Rätsel der Sphinx gelöst hat, übernimmt Ödipus den verwaisten Thron von Theben – und heiratet die verwitwete Königin, seine Mutter. Ein zweites Mal erfüllt sich das schicksalhafte Geschehen: Seine Mutter wird zur Mutter seiner eigenen Kinder.

Als eine Seuche das Land heimsucht, erklärt das Delphische Orakel die Epidemie als Strafe für einen ungesühnten Mord. Ödipus leitet eine Untersuchung ein und muss feststellen, dass er selbst der Schuldige ist. In seiner Verzweiflung sticht er sich die Augen aus und führt fortan als blinder Exilant ein Wanderleben. Iokaste aber, seine Mutter und Frau, erhängt sich. Eine furchtbare Tragödie, der gegenüber der Ödipuskomplex zumindest den Vorteil hat, dass sein Ende offenbleibt.

Olymp

An der Grenze zwischen Makedonien und Thessalien erhebt sich dominierend der *Olymp*, mit knapp 3000 Metern der höchste Berg Griechenlands. Er galt seit den homerischen Epen als Wohnsitz der Götter, ein entrückter Ort, der vielfach mit dem Himmel gleichgesetzt wurde. ›Olympisch‹ wurde so zum Synonym für ›erhaben‹ und ›majestätisch‹. Die »Olympier« sind jene führenden Göttinnen und Götter, die den Olymp bewohnen. Im 5. Jh. v. Chr. erhielt Perikles als lange Zeit bedeutendster Politiker und überragender Repräsentant – manche meinten eher: Herausforderer – der athenischen Demokratie den Spitznamen »Olympier«. Darin kam die Hochachtung vor seiner rhetorischen Kraft, aber auch Kritik an seiner unangefochtenen, »abgehobenen« Stellung zum Ausdruck. In der Neuzeit wurden führende Größen des Geisteslebens als »Olympier« gerühmt, allen voran Goethe. Im heutigen Sprachgebrauch hat sich *diese* Bezeichnung überlebt; wohl aber ist noch die Redewendung gebräuchlich, jemand stehe nach Höchstleistungen oder großen Erfolgen »auf dem Olymp« seiner Karriere.

Nicht geringe Verwirrung stiftet die scheinbare Identität des »olympischen Glücks« mit dem »olympischen Ruhm«. Während der erste, kaum noch verwendete Begriff auf den Götterolymp und die mit ihm verbundene Glückseligkeit eines abgehobenen, von irdischen Händeln weit entfernten Lebens Bezug nimmt, entstammt der »olympische Ruhm« den ursprünglich in Olympia beheimateten Olympischen Spielen. Sie haben ihren Namen von der Stadt Olympia im Westen der Peloponnes, wo sie seit 776 v. Chr. alle vier Jahre ausgetragen wurden, und die hat mit dem Olymp in Nordgriechenland nichts zu tun – auch wenn sich manch ein Olympiasieger vor Freude und Glück auf dem Olymp seiner Laufbahn wähnt.

Omen

Nomen est omen heißt es im Sprichwort, »der Name ist ein Vorzeichen«. Grund genug für manche Eltern, ihr Kind »Felix« oder »Beate« zu nennen in der Hoffnung, dass ihnen tatsächlich möglichst viel ›Glück‹ im Leben beschieden sei. Nicht selten erweist sich ja die Richtigkeit der Sentenz – wenn auch selektive Wahrnehmung keine unwesentliche Rolle dabei spielen mag.

Die Römer kannten gute und schlechte *omina*. Die Beachtung solcher Vorzeichen gehörte zum römischen Alltag, und zwar im öffentlichen Leben ebenso wie im privaten Bereich. Man glaubte überall auf Winke des Schicksals oder der Götter stoßen zu können: Bei Himmelserscheinungen ebenso wie beim Stolpern und Niesen, bei den Besonderheiten in Eingeweiden von Opfertieren nicht anders als bei Unfällen und bei ungewöhnlichem Verhalten von Tieren. *Omina sunt aliquid*, sagt Ovid (Liebeselegien I 12, 3), »Vorzeichen bedeuten etwas«, und bringt damit eine bei seinen Landsleuten weit verbreitete Auffassung auf den Punkt. Obwohl zahlreiche *omina* ihn davor gewarnt haben sollen, sein Haus an den Iden des März zu verlassen, ging Caesar am 15. März 44 v. Chr. in den Senat – und wurde dort ermordet. Freilich waren trotz der ausgeklügelten mantischen Techniken der Römer die exakte Deutung eines Omens oder auch überhaupt nur seine Wahrnehmung als Omen nicht unumstritten – und bei einschneidenden historischen Ereignissen wurden auch gern *vaticinia ex eventu* (›Weissagungen aufgrund des Ausgangs‹) zu »rechtzeitigen« *omina* uminterpretiert.

Orakel

Wenn jemand wie ein *Orakel* spricht, dann drückt er sich unklar aus. Das Verb ›orakeln‹ wird in diesem Sinne noch etwas unfreundlicher gebraucht. Rätselhaft und undurchschaubar sind Assoziationen, die wir mit dem Orakel verbinden, aber auch die Vorstellung, dass da etwas Zukünftiges geweissagt werde.

Für die griechisch-römische Kultur waren Orakel geradezu konstitutiv. Das *oraculum* ist zunächst eine ›Sprechstätte‹ (lat. *orare* ›sprechen‹), an der eine höhere Instanz Antworten auf Fragen gibt, die an die Zukunft gestellt werden, dann auch die verbalisierte Antwort selbst. Das berühmteste Orakel mit einem alle anderen Orakelstätten überragenden Renommee war das Delphische Orakel des Apollon. Insgesamt gab es rund fünf Dutzend Orakelstätten in der griechisch-römischen Welt; der überwiegende Teil lag im östlichen Mittelmeerraum. Orakel wurden sowohl von Staats wegen als auch von Privatleuten befragt. Das Delphische Orakel hatte vor allem während der Epoche der Großen Griechischen Kolonisation erheblichen politischen Einfluss; es nahm geradezu eine Steuerungsfunktion wahr. Orakelsprüche verliehen den Beschlüssen der Gesamtheit und den Entscheidungen von Individuen größere Legitimität. Wer ein Orakel eingeholt hatte, glaubte daher auch eher an sein Vorhaben. Anlässe zur Orakelbefragung gab es gerade für Einzelpersonen unzählig viele; zu den wichtigsten gehörten besondere Lebenssituationen wie Krankheit, Reisepläne, bevorstehende Heirat und die Abwicklung von Geschäften.

Die »Offenbarung« der höheren Instanz, d. h. eines Gottes, insonderheit der Tyche/Fortuna als Herrscherin über den Zufall, erfolgte meist über ein Medium. Das konnte wie in Delphi eine Person, die Priesterin Pythia, sein, das konnte aber im Falle eines Losorakels auch ein Würfel sein. Wenn die Orakelsprüche in Worte umgesetzt wurden, war für den Ratsuchenden meist Interpretationsarbeit zu leisten. Eindeutig waren die Auskünfte in den seltensten Fällen. Eben diese mangelnde Klarheit wird dem Orakel bis heute – und heute mehr als vor 2000 Jahren – angelastet. Auch in der Antike gab es schon Skeptiker. Der große Spötter Lukian (um 120 – nach 180) hat einen gewissen Orakelgründer namens Alexandros nach Strich und Faden als falschen Propheten entlarvt. Doch blieb die Nachfrage nach zukunftenthüllenden Weissagungen stets auf hohem Niveau.

Orchester

Die *orchéstra* war im griechischen Theater der meist runde Platz zwischen dem Bühnenbau und dem Zuschauerraum, auf dem sich der Chor bewegte. Genauer gesagt: Auf dem er »tanzte«; *orchéstra* ist der ›Tanzplatz‹. Im »chorlosen« römischen Theater waren dort die Sitze der Senatoren untergebracht. Als sich in der Spätrenaissance die Oper herausbildete, griff man auf die antike Bezeichnung zurück und nannte den Raum für die Musiker zwischen Bühne und Zuschauern *Orchester*. Vom Ort ging der Begriff auf den dort platzierten Klangkörper über. Als sprachgeschichtlich firm erweisen sich somit Dirigenten, die ihr Orchester kraftvoll nach ihrer Pfeife »tanzen« lassen.

Orgie

Sie kommt im Singular daher und bezeichnet ein ausschweifendes Fest mit reichlichem Alkoholkonsum und sexueller Freizügigkeit – die *Orgie*. Wie muss es da erst bei den Griechen zugegangen sein, die das Wort nur im Plural kannten (*ta órgia*)?! Der Verdacht liegt nahe, aber er ist unangebracht. Griechische Orgien waren grundsätzlich harmloser als ihre modernen Pendants. Und sie gehörten der religiösen Sphäre an; *órgia* waren heilige Handlungen, kultische Bestandteile einer Religionsausübung, die sich u. a. mit Opfern verband. Das lateinische Äquivalent waren die *sacra*, ›rituelles Tun‹. Allerdings verbanden sich *órgia* in manchen Mysterienkulten mit ausgelassenem, ja ekstatischem Treiben, dessen Bestandteile Weingenuss, Musik, Tanz und gelegentlich auch sexuelle Ausschweifungen waren – orgiastische Exzesse, die die Rezeption kräftig beeinflusst und die ›Orgie‹ hervorgebracht haben. Die lässt sich problemlos in den Plural setzen – was sprachlich dem Ursprungswort nahekommt, als Charakterisierung der Lebensweise vor allem der angeblich ständig Orgien feiernden Römer indes als üble Legendenbildung und holzschnittartige Geschichtsklitterung zurückzuweisen ist.

Orkus

»Das kann ihm niemand außer dem *Orkus* wegnehmen« (*quod illi auferre non possit nisi Orcus*) lässt Petron einen Teilnehmer an der Neureichen-Tafel des Trimalchio sagen (46, 7). Umschrieben wird dort ein Handwerk, mit dem man seinen Lebensunterhalt zuverlässig bestreiten kann. In dem Zitat findet sich eine ähnliche Vorstellung wie bei der deutschen Redewendung, etwas gehe in den Orkus – und sei damit unwiederbringlich verloren. Orcus – das war bei den Römern sowohl der Unterweltsgott als auch die Unterwelt. Die Etymologie des Begriffs ist unklar, die Assoziationen, die der Name auslöst, sind unterschiedlicher Art – teilweise nüchtern-funktional, teilweise angstbesetzt wegen eines vermeintlich grauenvollen Rächers. Ein Kult für diesen Herrn des Totenreiches ist nicht nachgewiesen – oder er ist im Laufe der Zeit in das geraten, was wir als »Orkus des Vergessens« bezeichnen.

Pädagoge

Mag sich auch mancher heutige *Pädagoge* über mangelnde Wertschätzung der Gesellschaft für seine Tätigkeit beklagen, verglichen mit der Antike, hat er unzweifelhaft an Sozialprestige gewonnen. Freilich hat sich auch das Berufsbild gründlich verändert. Bei den Griechen war der Pädagoge ein Haussklave, der Knaben aus Oberschicht-Familien zum Unterricht begleitete. Er passte zum einen auf seinen Schützling auf, dass ihm nichts Schlimmes widerfuhr, zum anderen war er ihm zur Seite gestellt, um ihn zu anständigem Benehmen anzuhalten. Das Ansehen der »Knabenführer« (gr. *pais* ›Knabe‹, *ágein* ›leiten‹) war gering; in der Zeit des Hellenismus stieg es, weil Pädagogen mit zusätzlichen erzieherischen Aufgaben betraut wurden.

Die Römer übernahmen das griechische »Modell«, weiteten es aber vielfach auch auf Mädchen aus. *Paedagogi* waren ständige Begleiter der Kinder, die ihnen bereits im Säuglingsalter anvertraut wurden; häufig blieben sie bis zum 16. Lebensjahr an ihrer Seite. Dadurch entwickelten sich in vielen Fällen sehr enge persönliche Beziehungen, die sich z. B. auch in liebe- und respektvollen Formulierungen in Grabinschriften für unfreie oder freigelassene Pädagogen zeigen. Die meisten, aber nicht alle *paedagogi* waren Sklaven. Im Diskurs der Römer über richtige Erziehung und Bildung wurde zunehmend der Überlegung größeres Gewicht beigemessen, dass es angesichts der verantwortungsvollen Stellung des Erziehers wichtig sei, besondere Sorgfalt auf seine Auswahl und Ausbildung zu verwenden. Auch dadurch wurde die Tätigkeit des Pädagogen weiter aufgewertet.

Als eigentliche »Lehrer« traten die *paedagogi* noch nicht in Erscheinung, auch wenn viele römische Kinder früh und gut Griechisch sprechen lernten, weil ihre Eltern in griechische Pädagogen »investiert« hatten. Dass theorielastige Pädagogen dereinst die Bildungsdiskussion so einflussreich steuern würden, hätten sich Intellektuelle der Antike allerdings kaum vorstellen können – und auch nicht, dass eine amtlich verordnete Rechtschreibreform einmal die etymologisch vorgegebene Trennung ›Päd-agogik‹ in ›Pä-dagogik‹ abändern würde.

Pandorabüchse

Man könnte sie als Metapher für die Warnung vor bedenkenlosem Umgang mit Risikostoffen oder -technologien ohne Rücksicht auf Folgen und Gefahren verstehen: die *Büchse der Pandora*, die, einmal geöffnet, das Übel hinauslässt und damit irreversibel in die Welt setzt. Der Mythos von Pandora ist jedenfalls seit Hesiod (7. Jh. v. Chr.) in der Welt – und er wirkt seitdem wie eine Art Stoppschild für menschliche Hybris. Mit ihr begann alles, als Prometheus gegen das Verbot des Zeus den Göttern das Feuer stahl und es zu den Menschen brachte. Ein Akt des Ungehorsams, der den Göttervater so erzürnte, dass er den Schmiedegott Hephaist beauftragte, eine wunderschöne Frau zu erschaffen, die es sogar mit Aphrodite an Liebreiz aufnehmen konnte. Sie trug einen vielverheißenden Namen: Pandora, die ›Allesgeberin‹ oder ›von allen Beschenkte‹. Gegen die Warnung des Prometheus heiratete sein Bruder Epimetheus die attraktive »Allesgeberin« – und die öffnete die ihr von Zeus als Mitgift gegebene Büchse, erneut gegen das ausdrückliche Verbot des höchsten Gottes.

Damit wurden alle Leiden, Übel und Krankheiten frei, die auf die bisher sorgenfreie Menschheit niederprasselten. Lediglich die trügerische und wenig verlässliche Hoffnung blieb in dem Gefäß zurück. Es liegt nahe, diesen Mythos mit dem christlichen Sündenfall und der verbotenen Frucht zu vergleichen. Auch der ist ja zu sprichwörtlichen Ehren mit ziemlich inflationärer Verwendung gekommen. So nachdenklich die Geschichte von der Büchse der Pandora stimmt, so überlegen scheint die poetisch-mythologische Metapher der Pandorabüchse gegenüber der vergleichsweise platten Formulierung der Gegenwart, dass man dieses oder jenes Fass besser nicht aufmachen solle.

Panem et circenses

In einer seiner Satiren hält Juvenal dem römischen Volk vor, es sei »ängstlich nur noch auf zwei Sachen bedacht: *panem et circenses*«, ›Brot und Zirkusspiele‹ (X 81 f.). Dafür habe es sich seine politische Souveränität abkaufen lassen. Zum geflügelten Wort wurde *panem et circenses*, weil es zum einen eine gewisse Versorgungsmentalität der Beherrschten, zum anderen aber auch eine bestimmte Herrschaftsstrategie der Mächtigen auf den satirischen Punkt bringt: Die Ablenkung von Problemen oder die Einschränkung der politischen Partizipation durch großzügige Unterhaltungsangebote, Großereignisse oder Wahlversprechen, kurz die »Ruhigstellung« der Masse durch »verführerische« Wohltaten.

Dass Juvenal grundsätzlich etwas Richtiges und Generalisierbares gesehen hat, ist unbestritten. Allerdings erweist sich die satirische Formulierung bei einer sorgfältigen historischen Analyse als Übertreibung, die die erheblich komplexere Realität keineswegs zuverlässig beschreibt. Trotz der kaiserlichen »Wohltaten«, deren Wurzeln tief in die Republik reichen, waren die Römer auf Erwerbsarbeit angewiesen. Der einzelne konnte allein schon aufgrund der eingeschränkten Kapazitäten der Massenunterhaltungsstätten nur einige Male im Jahr *circenses* genießen. Auch entstanden gerade im Zirkus und Amphitheater neue Kommunikationsformen zwischen dem Kaiser und seinem Volk, die das Gegenteil einer völligen Entpolitisierung bewirkten. Die weitverbreitete unkritische Rezeption des »Brot-und-Spiele«-Slogans steht daher im Widerspruch zur geschichtlichen Wirklichkeit. Ihr rezeptionsgeschichtlicher Erfolg gründet sich wohl auf die Erfahrung und Ahnung, dass die Mächtigen zu allen Zeiten und in allen Staatsformen in der Versuchung stehen, ihre Legitimität und Erfolgsbilanz durch *panem-et-circenses*-Strategien zu verbessern und von Problemen und eigenen Fehlern bis hin zum völligen Versagen abzulenken.

Panisch

Auf einmal ist er da – der gehörnte, bocksbeinige Schutzgott der Hirten, ein lüsternes, überall den Nymphen, aber auch den Ziegen auflauerndes Mischwesen. Die Mittagshitze ist seine Zeit. Wenn Mensch und Tier sich zur Ruhe gelegt haben, überrascht er sie und jagt ihnen mit seinem plötzlichen Auftauchen einen *panischen* Schrecken (gr. *Panikón deíma*) ein. Die Rede ist vom Hirtengott Pan.

Ganze Heere ließen sich durch furchterregende nächtliche Geräusche beunruhigen und in *Panik* versetzen. Auch dafür wurde Pan gelegentlich verantwortlich gemacht. Das Irrationale eines panischen Schreckens bringt schon Cicero mit dem Begriff *panikón* auf den Punkt; er meint damit ein bloßes Gerücht, das sich ohne tatsächliche Grundlage verbreitet hat (Briefe an Atticus XIV 3, 1; XVI 1, 4). Dabei verwendet er die griechische Schreibweise. In Rom stand Pan nämlich insofern auf verlorenem kultischem Posten, als er mit Faunus identifiziert wurde und selbst gewissermaßen nicht vorkam. Der galt zwar auch als koboldhaftes Wesen und spukhafter Waldgott, der die Menschen gelegentlich erschreckte, und außerdem ebenso als sexueller Schwerenöter wie Pan, hat es aber in der Rezeption nicht zum »Terroristen« gebracht. Immerhin aber – zusammen mit seinem weiblichen Pendant, der Waldgöttin Fauna – zum Namensgeber für die Gesamtheit der Tierwelt (»Fauna«).

Parasit

Ursprünglich war der *Parasit* eine ganz seriöse und respektable Erscheinung. Der Priester, der ›beim Getreide‹ (gr. *pará síton*) saß und die Getreideopfer beaufsichtigte, trug diesen Titel. Es war nicht anstößig, dass er selbst im Zusammenhang mit seiner Dienstleistung an der öffentlichen Beköstigung teilhatte. Sein Renommee blieb so lange bestehen, bis attische Komödiendichter den Begriff wohl schon im 4. Jh. v. Chr. auf fragwürdige Zeitgenossen übertrugen, die sich durch Liebedienerei oder witzige Konversation Einladungen zum Essen erschlichen. In der Neuen Komödie ist der *parásitos* dann ein feststehender unangenehmer Typus, der charakterliche Defizite zugunsten seiner Gefräßigkeit gern in Kauf nimmt. Er macht sich klein, schmeichelt seinem »Opfer« hemmungslos und versucht mit allen Mitteln, einen Platz an dessen Speisetafel zu ergattern. Die römischen Komödiendichter übernehmen die Figur des Schmarotzers nur zu gern; dadurch wird der *parasitus* im Lateinischen heimisch. In der Regel ist der Begriff negativ besetzt, indem er den skrupellosen, aufdringlichen Mahlzeitenjäger meint, der im kaiserzeitlichen Rom ausweislich vieler satirischer Texte sein Unwesen treibt; nur selten wird *parasitus* neutral als ›Tischgenosse‹ verwendet.

Wie sehr wir von Parasiten umzingelt sind, das zeigt uns erst die moderne Rezeption des Begriffs vor allem in der Biologie. Sie versteht unter Parasiten tierische und pflanzliche »Mitesser«, die ihre Nahrung aus einem fremden Organismus beziehen. Der dient ihnen vielfach auch als Wohnort, Schutz und sogar als Transportmittel. Die Biologen sprechen auch von einem »Wirt«, und damit kommen wir der antiken Negativ-Bedeutung ziemlich nahe. Erst recht, wenn man den Parasiten ungeschminkt als das bezeichnet, was er letztlich ist: Ein Schädling, freilich einer, der seinen Wirt aus Eigennutz zumindest eine Zeitlang leben lässt. Dass jede parasitäre Lebensweise, auch und erst recht, wenn sie sich auf Menschen bezieht, wenig Freunde findet, ist eine seit mehr als 2000 Jahren stabile Wahrnehmung.

Parnass

Vermutlich ist das Pariser Viertel Montparnasse mehr Menschen ein Begriff als das »Ursprungs«-Gebirge im mittelgriechischen Phokis, an dessen südwestlichem Fuß Delphi liegt. Das bis knapp 2500 Meter aufragende »zweigipflige« Bergmassiv galt im Altertum auch wegen des nahe gelegenen Apollo-Heiligtums als Wohnsitz der Musen und ihres Anführers Apollo. Metaphorisch wurde der »Musenberg« zum Ort der Dichterweihe und zum »Reich der Dichtkunst«. Der *Parnassos* oder lateinisch *Parnassus* als Sinnbild der Lyrik – in dieser Tradition stand die Benennung des Pariser Stadtteils im 17. Jh., weil dort viele Studenten aus dem Quartier Latin ihre poetischen Kreationen zu rezitieren pflegten. Noch zu Beginn des 20 Jh.s machte der Montparnasse seinem antiken Vorbild alle Ehre: In den dortigen Cafés gab sich die künstlerische und intellektuelle Elite ein Stelldichein – eine Hommage an Apollon und seine Musen, die ganz im griechischen Sinne war.

Den »Parnass zu besteigen« ist freilich zumindest als Formulierung ziemlich aus der Mode gekommen. Und doch verbindet sich damit eine schöne Vorstellung, die erstmals der Jesuit Paul Aler in seinem 1687 – zunächst anonym – erschienenen Buch über lateinische Verskunst geprägt hat. Er gab seinem Werk den Titel *Gradus ad Parnassum*, »Stufen zum Parnass« – eine heutzutage nur noch wenigen bekannte und von noch wenigeren verwendete Metapher dafür, dass der Aufstieg zum Gipfel von Literatur, Musik, Kunst, Wissenschaft – und Grammatik! – ebenso mühevoll sein kann wie das

Erklettern des physischen Musenbergs. Wie sehr es sich gleichwohl lohnt, zeigt sich erst, wenn man oben steht.

Patrizier

Patrizier – das ist bis in unsere Tage etwas ganz Feines. Als Patriziergeschlechter bezeichnen wir nach wie vor die gesellschaftlich führenden Familien einer Stadt, jedenfalls wenn sie auf einen langen adligen Stammbaum zurückblicken können. Ihre Wohnsitze, die Patrizierhäuser oder -villen, sind vielfach eine touristische Attraktion. Auch wenn sich der städtische Adel des Mittelalters und der Neuzeit z. T. anders nannte, ist die Bezeichnung »Patriziat« für diese Oberschicht in der Geschichtsschreibung und Soziologie üblich.

Im alten Rom verkörperten die *patricii* die ursprüngliche Adelsschicht; das waren die mit den nennenswerten *patres*, ›Vätern‹, Abkömmlinge der ersten Familien, die der Stadtgründer Romulus zu seinen Beratern gemacht und im Senat zusammengefasst hatte. Tatsächlich resultierte dieser auf Geburt beruhende Altadel weitgehend aus der ökonomischen Stellung der Patrizier als Großgrundbesitzer. Zu allen Zeiten ist der Adel stolz auf seine lange Ahnentafel gewesen und hat seine Stellung genealogisch legitimiert. Der Begriff *patricii* dokumentiert das sehr anschaulich, insofern er auf die »Väter« als Begründer des gesellschaftlichen Status abhebt. Der Gegenbegriff zu den *patricii* waren die *plebei*. Keine schmeichelhafte Bezeichnung für die, die über »nur« biologische Väter verfügten! Sie waren schlicht dazu da, den Staat vollzumachen (*plere* ›füllen‹, *plenus* ›voll‹). Auch als die arrivierten Plebejer zu Wohlstand und Einfluss gekommen waren, den Patriziern politische Rechte abgetrotzt hatten und sich ein neuer Amtsadel, die Nobilität, herausgebildet hatte, blieben die *patricii* als Stand bestehen. Bestimmte Funktionen vor allem im Sakralwesen blieben ihnen vorbehalten – vor allem aber das Bewusstsein, etwas ganz Feines zu sein.

Patron

Im ›Schutzpatron‹ ist der römische *patronus* noch sehr präsent. Seine wichtigste und vornehmste Aufgabe war es nämlich, seinen schutzbefohlenen Klienten gegenüber gesellschaftlich Mächtigen und vor Gericht beizustehen, so wie man es von einem Vater erwartet – tatsächlich steckt *pater*, ›Vater‹, in *patronus*. Der *patronus* gehörte in aller Regel der Oberschicht an; er war aufgrund seiner sozialen Stellung, seines Einflusses und seines Vermögens ein Gönner, von dem man neben dem juristischen Schutz auch Geschenke und Unterstützungsleistungen erwarten durfte. Eine große Zahl an Klienten galt für den *patronus* als Statussymbol; bei den morgendlichen Aufwartungen mussten seine »niederen Freunde« in der Toga, dem offiziellen römischen »Staatskleid«, erscheinen.

In der Zeit Ciceros wurden auch Rechtsanwälte als *patroni* ihrer Partei bezeichnet. Hierbei spielt ebenfalls die Schutzfunktion eines tüchtigen, rhetorisch versierten Sachwalters die entscheidende Rolle. Das war bei Städten und Provinzen nicht anders. Auch sie taten gut daran, sich einen einflussreichen Repräsentanten des öffentlichen Lebens in der Hauptstadt als Patron zu verpflichten. Der vertrat in Rom ihre Interessen; dieses Patronat könnte man durchaus als eine frühe Form des Lobbyismus ansehen.

Im Christentum nimmt Jesus die Stellung eines Patrons aller Gläubigen ein. In einzelnen festgelegten Bereichen wird er gewissermaßen durch das Patronat eines Heiligen unterstützt. Klöster, Kirchen und Stiftungen suchten sich Schutzherren. Mit seiner ausgeprägten Individualität oder durch unkonventionelles Vorgehen mag so mancher Schutzheilige als merkwürdig oder wunderlich erschienen sein. Das war wohl der Ausgangspunkt für eine weniger schmeichelhafte Verwendung des ›Patrons‹ in der Alltagssprache. Sie kennt den Patron auch als »seltsamen« oder sogar »unverschämten« Patron und als Synonym für einen ›üblen Kerl‹ oder ›Schuft‹. So etwas über seinen *patronus* offen zu sagen hätte kaum ein römischer Klient gewagt. Gedacht haben mag es manch einer, denn viele *patroni* neigten in der Kaiserzeit dazu, ihre Schutzbefohlenen herablassend und schäbig zu behandeln und sie den gesellschaftlichen Abstand zu ihnen in entwürdigender Weise spüren zu lassen.

Penaten

Die *Penaten* erfreuen sich dank der gleichnamigen Creme und anderer Pflegeprodukte der »Penaten«-Serie eines hohen Bekanntheitsgrades. Ihren Ursprung dürften deutlich weniger Menschen kennen. Die *di Penates* waren Schutzgötter des römischen Hauses, Bewacher der Vorratskammer (*penus*), der sie ihren Namen verdanken. Zu jeder Mahlzeit erhielten sie eine kleine Opferspende, die in einer Schale auf den Tisch gestellt, mit Mehl und Salz bestreut und dann ins Feuer geworfen wurde.

Penelope

»Der Ruhm ihrer Tugend wird nie vergehen«, preist Homer die »Gattin von großer Tugend«, die »untadelige *Penelope*« (Odyssee XXIV 192 ff.). Er sollte – weitgehend – recht behalten. Tatsächlich galt Penelope in der gesamten Antike als Inbegriff der treuen Gattin, die entsagungsvoll auf ihren in den Krieg gezogenen Gatten wartet – ohne zu wissen, ob er überhaupt noch am Leben ist. Ihren Ehemann Odysseus hat es nach dem Trojanischen Krieg auf eine lange Odyssee verschlagen – und die Freier buhlen ebenso ausdauernd wie dreist um die Gunst der schönen Strohwitwe, die in der Abwesenheit ihres Mannes den Palast von Ithaka regiert. Sie kann sich des Drängens der um ihre Hand anhaltenden »Meute« nur mittels eines Tricks erwehren: Erst müsse sie das Totengewand für ihren Schwiegervater Laertes zu Ende weben, dann werde sie sich entscheiden, lässt sie die Freier wissen. Nachts löst sie das am Tage gewebte Stück wieder auf – eine »Penelope-Arbeit«, der sie ihren Namen verdankt: ›Die das Gewebe Auflösende‹ (*penós* ›Gewebe‹, *lépein* ›auflösen‹).

Zwanzig Jahre lang dauert ihr Warten. Dann werden ihre Geduld und Treue belohnt: Sie kann den heimgekehrten Odysseus wieder in die Arme schließen. Penelope wird so zum Muster und Vorbild der Ehefrau, auf die sich der Mann geradezu blind verlassen kann, die ihr Schicksal ganz an das seine kettet, die auch bei großen Versuchungen nicht wankt und weicht. Wie sprichwörtlich die Treue der Penelope war, lässt die Pointe eines Spottepigramms Martials erkennen. Die mythologische Antipodin der Penelope ist die schöne Helena, der Typus der verruchten Ehebrecherin. Und so kann Martial von der plötzlichen Wandlung einer zuvor untadeligen Dame durch die »sündige« Umgebung des mondänen Badeortes Baiae sagen: »Als Penelope war sie gekommen, als Helena ging sie fort« (I 62, 6).

Noch vor einigen Jahrzehnten konnte ein Mann stolz von »meiner Penelope« sprechen und damit ihre Treue und Ergebenheit ihm gegenüber rühmen. Und es gab nicht wenige Ehefrauen, die sich dem mythischen Vorbild Penelopes verpflichtet sahen oder von ihrem Mann auf dieses Normbild verpflichten ließen. Indes ist die Metapher weitgehend in Vergessenheit geraten und das Leitbild der treuen und – vielleicht allzu – braven Ehefrau verblasst. Selbst der unsterbliche Homer verschafft ihm nicht mehr genügend Glanz.

Phalanx

Wenn sich vor einem eine *Phalanx* von Gegnern aufbaut, dann wird es ernst. Denn die halten die Reihen ebenso dicht geschlossen, wie sie entschlossen sind, Widerstand zu leisten. Das haben sie mit ihrem griechischen »Vorbild« gemeinsam. Unter einer *phálanx* verstanden die Griechen eine Formation schwer bewaffneter Infanteristen, die sich wie eine Walze voranbewegte. Es war schwer, in diesen kompakten Kampfkörper eine Bresche zu schlagen, denn sobald ein Krieger ausfiel, musste der nächste von hinten nachrücken, so dass der Schild des einen auch dem Nachbarn Schutz bot und sich außer von vorn kein Angriffspunkt für den Feind bot. Die Phalanx war in der Regel acht Reihen tief. Man benötigte also gegenüber der Kampftechnik ritterlicher Einzelkämpfer erheblich mehr Soldaten, die in der Lage waren, sich selbst eine Schwerbewaffneten- (Hopliten-) Rüstung zu kaufen. Diese Bürger forderten dann seit dem 7. Jh. v. Chr. entsprechend ihrem gestiegenen Anteil an der Wehrfähigkeit ihrer Stadt auch größere politische Mitspracherechte ein – vielerorts eine wichtige Etappe auf dem Weg der Entmachtung der Aristokratie.

Philippika

Auch wenn sie seinen Namen tragen – es waren keine freundlichen Reden auf Philipp II., den Vater Alexanders des Großen, die der große athenische Redner Demosthenes zwischen 351 und 341 v. Chr. hielt. Im Gegenteil: Seine vier *Philippiká* waren leidenschaftliche Plädoyers gegen den Makedonenkönig, dem er Herrschsucht, Skrupellosigkeit und Habgier vorwarf. Spätestens seit Cicero im Jahre 44/3 v. Chr. seine nicht minder flammenden, hier und da durchaus unter die Gürtellinie zielenden 14 Reden gegen Marc Anton gehalten und sie leicht spöttisch als »philippische« bezeichnet hatte (Brutus 4, 2), hatten es die Philippika zu sprichwörtlichem Ruhm gebracht. Noch heute wird mit dem Begriff ›Philippika‹ eine ›Brandrede‹ bezeichnet, die den Angegriffenen oder die bekämpfte Sache nicht schont, sondern mit großer Verve und rhetorischem Elan attackiert. Schade nur, dass aus dem (richtigen) Plural im Laufe der Zeit ein (falscher) Singular geworden ist! Das verharmlost in gewisser Weise die polemische Intention und Wirkung: In *eine* Philippika passt die ganze pathetische Empörung gar nicht so recht hinein.

Platonische Liebe

Wenn bei einer gesetzlich verbotenen oder moralisch fragwürdigen Liaison alles *platonisch* geblieben ist, atmen alle erleichtert auf. Denn dann ist körperlich-sexuell »nichts passiert«. Ob eine rein platonische Beziehung nicht sogar größeren Tiefgang haben kann als ein physisches Liebesabenteuer, bleibt zumeist unerörtert.

Der Begriff der platonischen Beziehung geht auf den Dialog »Symposion« zurück. Dort (und im »Phaidros«) unterscheidet Platon zwei Arten des ›liebenden Verlangens‹ (*éros*), die sinnlich-sexuelle einerseits und die geistige andererseits, die ein Vertrautsein ohne körperliche Beziehung stiftet, eine Seelenverwandtschaft oder einen charakterlich-seelischen Gleichklang. Man fühlt sich von der inneren Schönheit des Partners angezogen, zumindest überlagert dieses Gefühl die physische Attraktivität. Obwohl bei Platon differenzierter dargestellt, wird diese Zuneigung (etwas zu) schlicht als *platonische Liebe* bezeichnet. Platons eigentliche Liebe galt dagegen der Erkenntnis des Wahren und der Idee des Schönen – immerhin selbst nach der Alltagsdefinition unzweifelhaft eine platonische Beziehung.

Jemanden als »Plebejer« zu bezeichnen ist wenig schmeichelhaft. Denn man attestiert ihm damit mangelnde Bildung und ungehobelte Manieren. Auch ein »plebejisches Vergnügen« oder eine eher »plebejische Lektüre« zeugen nicht gerade von kultivierter Raffinesse. Bei den Römern schwang eine solche Geringschätzung nicht unbedingt mit, wenn sie von *plebei* sprachen. Das war im Grunde ein Begriff, der die Zugehörigkeit zu einer gesellschaftlichen Schicht kennzeichnete. Oder besser: Die Nicht-Zugehörigkeit zum Patriziat, dem römischen Geburtsadel, der alle anderen als schlichte ›Menge‹ definierte, die den Staat gewissermaßen ›auffüllte‹ (*plere* ›füllen‹, *plenus* ›voll‹). Gelegentlich wurde *plebs* auch abwertend als ›gemeines Volk‹ oder sogar ›Pöbel‹ verwendet (der deutsche Begriff ›Pöbel‹ leitet sich allerdings von *populus*, ›Gesamtvolk‹, ab), doch setzt ein solch pejoratives Verständnis einen entsprechend abwertenden Kontext voraus.

Wenn Cicero vom *sermo plebeius* spricht, meint er das nicht zwangsläufig verächtlich, sondern beschreibt damit das Sprachniveau der einfachen Leute. Denen unterlief zwar hier und da ein Fehler, aber wohl kaum so ein übler Schnitzer wie manchen heutigen Zeitgenossen, die von »dem« Plebs zu sprechen pflegen. In Wirklichkeit ist *plebs* – bis heute – ein Femininum.

Die *plebs* war in sich durchaus heterogen. Die Vorstellung von einem Haufen armer Schlucker wäre völlig verfehlt. Es gab ebenso wohlhabende wie angesehene und einflussreiche plebejische Familien. Allerdings mussten die sich ihre politische Anerkennung erst in den langwierigen Ständekämpfen des 5. und 4. Jh.s v. Chr. erringen. Im Laufe dieser Auseinandersetzungen mit den Patriziern, die ihre Privilegien hartnäckig verteidigten, gelang es, mit dem Volkstribunat ein rein plebejisches »Amt« zu schaffen, das zwar in der römischen

Verfassung einen Fremdkörper darstellte, das aber letztlich von den Patriziern respektiert wurde und dauerhaft und kraftvoll die Interessen der Plebejer zu vertreten imstande war. Die Plebejer schufen partiell eine eigene staatliche Sonderorganisation, insofern sie sich u. a. zu eigenen Beratungen trafen und eigene Beschlüsse fassten, die freilich für das Gesamtvolk lange Zeit nicht bindend waren. Es markierte den Abschluss der Ständekämpfe, als im Jahr 287 v. Chr. die *plebiscita*, »Beschlüsse der *plebs*«, mit Gesetzen auf eine Stufe gestellt und damit für alle Römer verbindlich wurden.

In der Tradition dieser *plebiscita* stehen die Plebiszite und plebiszitären Elemente, die wir heutzutage als basisdemokratische Erweiterung und in gewisser Weise sogar als Konkurrenz zur parlamentarischen Gesetzgebung sehen – und die mit der Zeit immer positiver beurteilt werden. Plebiszite als »plebejisch« zu diskreditieren kommt jedenfalls kaum jemandem in den Sinn.

Politik

Politik – das war in klassischer Zeit eine Domäne der Griechen, und zwar sowohl in der aktiven politischen Betätigung als auch in der theoretischen Reflexion über das Politische. Die bekannteste, bis heute grundlegende Schrift darüber stammt von Aristoteles (384–324 v. Chr.). Er nannte sie *ta politiká*, »die Dinge, die die Polis betreffen«; heute ist sie unter dem Titel »Politik« des Aristoteles bekannt (und in den Singular gerutscht). Die wohl berühmteste Definition darin ist die des Menschen als eines *zóon politikón*, eines »auf Gemeinschaft hin angelegten Lebewesens«.

Tatsächlich war die Polis, der überschaubare Stadtstaat, die zentrale staatliche Organisationsform der Griechen. Es lag angesichts der naturräumlichen Gliederung mit Bergen und Meer als natürlichen Barrieren nahe, abgeschlossene souveräne Gemeinwesen zu bilden, die sich aus einem städtischen Zentrum und seinem Umland zusammensetzten und in der Regel nur wenige tausend Bürger (Politen) umfassten – eine *face-to-face-society*, die die Kommunikation zwischen den Bürgern förderte und die jeden Einzelnen spüren ließ, dass er sich um die *politiká*, die seine Polis betreffenden Angelegenheiten, möglichst selbst zu kümmern habe. Dass die Griechen die Demokratie »erfunden« haben, wurde durch die Überschaubarkeit ihrer Stadtstaaten und das damit verbundene Bewusstsein der Pflichten und Chancen aktiver politischer Partizipation stark begünstigt.

Auch wenn eine idealisierende Tendenz nicht zu verkennen ist, weist Perikles auf etwas grundsätzlich Richtiges hin, wenn er Athens Demokratie so rühmt: »Keiner ist bei uns in staatlichen Dingen (*politiká*) ohne Urteil. Denn einzig bei uns heißt einer, der daran keinen Anteil nimmt, nicht ein stiller Bürger, sondern ein schlechter« (Thukydides II 40, 2).

Der moderne Begriff ›Politik‹ geht über das Lateinische auf *politiké téchne* zurück, das ›Handwerk der Politik‹ oder, etwas modernistisch, aber nicht unzutreffend ausgedrückt, das »Know-how der Politik«. Die Römer haben *politia* als Lehnwort übernommen: Im Lateinischen bezeichnet es die Staatsverwaltung, wobei sich die politischen Strukturen gegenüber der Epoche der griechischen Polis ebenso verändert hatten, wie sie sich auch heute nicht mehr mit der kleinräumigen Polis-Welt vergleichen lassen. Im Laufe des 18. Jh.s erhielt *politia* einen neuen Inhalt: Aus der abstrakten »Staatsverwaltung« entwickelte sich die Bezeichnung für das konkrete Organ, das die Staatsverwaltung ausführt. Und so führt auch die ›Polizei‹ fast weltweit ihre Etymologie auf die Wiege alles Politischen zurück, die Polis.

Prokrustesbett

Vermutlich müsste es schon in die Liste der untergegangenen Wörter eingetragen werden, aber vielleicht hilft die Aufnahme in dieses Kompendium dabei, die rudimentäre Kenntnis von ihm zu stabilisieren. Die Rede ist vom *Prokrustesbett*, in das man jemanden zwängt oder presst – eine Metapher für eine sehr unangenehme Zwangslage. Prokrustes ist der sprechende Beiname (›der Ausreckende‹) des hünenhaften Wegelagerers Damastes, der arglose Wanderer überfiel, sie ausraubte und sie auf ein sehr langes oder sehr kurzes Bett warf. War es zu lang, dann folterte er sein Opfer durch Strecken der Gliedmaße, war es zu kurz, dann hackte er ihm die Gliedmaßen mit einem Hammer ab und ermordete es auf diese Weise. Da allein Prokrustes über die Länge des Bettes entschied, hatte keiner eine Chance, der sadistischen Marter zu entgehen. Erst dem athenischen Helden Theseus gelang es, dem Unwesen des Prokrustes ein Ende zu machen. Er zwang den Bösewicht auf sein eigenes Bett und tötete ihn mit Hammerschlägen.

Proletarier

Im alten Rom war der *proletarius* Angehöriger der letzten Zensusklasse, in die alle Besitzlosen eingeschrieben wurden, die weder wehr- noch steuerpflichtig waren. Der *Proletarier* besaß nichts außer seiner *proles* (›Nachkommenschaft‹).

Im Marxismus wurde der Begriff wiederbelebt. Er knüpfte an die lateinische Bedeutung an, insofern er alle ›Besitzlosen‹ bezeichnete – und sie aufforderte, sich zusammenzuschließen, sich ihrer Macht bewusst zu werden und sich gegen das Kapital zu erheben. »Proletarier aller Länder, vereinigt euch!«, heißt es im »Kommunistischen Manifest«. Der real existierende Sozialismus kannte einen verklärenden Proletarier-Kult, während sich im Westen die abschätzige Bezeichnung ›Prolet‹ für einen ungeschliffenen, ungebildeten und unkultivierten Mitmenschen entwickelte. ›Prolet‹ hat für viele Menschen geradezu Schimpfwort-Qualität. Und das ist durchaus unrömisch gedacht. Denn die Römer wussten es zu schätzen, dass der *proletarius* immerhin dank seiner *proles* »Dienst« für sein Vaterland leistete.

Prometheisch

Respekt, Bewunderung, aber auch ein wenig Besorgnis stellen sich ob einer »*prometheischen* Natur« oder einer »prometheischen Tat« ein. Denn sie verbinden sich zum einen mit ungeheurer Stärke und gewaltigem Mut, zum anderen aber auch mit einem himmelstürmenden Impetus, der Grenzüberschreitungen bis hin zur Hybris nicht ausschließt. Eine Ambivalenz, die mit der mythologischen Gestalt untrennbar verbunden ist, von der das Adjektiv ›prometheisch‹ gebildet ist: Prometheus, der ›Vorausdenkende‹, wurde von den Menschen als Kulturbringer gefeiert, der ihnen zahlreiche Zivilisationstechniken beigebracht hatte, vor allem den Gebrauch des Feuers. Eben diese Wohltat verband sich indes aus Sicht der Götter mit einem Frevel: Zeus hatte es ausdrücklich untersagt, den Menschen das Feuer zu bringen. Mit seinem Diebstahl hatte sich Prometheus über dieses Verbot hinweggesetzt – und büßte diesen Ungehorsam sowie den vorangegangenen Opferbetrug gegenüber Zeus mit einer ewig währenden Strafe. Er gehört zu den großen Büßern im Mythos: An einen Felsen im Kaukasus geschmiedet, kann er sich gegen den Adler nicht zur Wehr setzen, der ihm Nacht für Nacht die stets nachwachsende Leber aushackt – die »Quittung« für seine kühne, rebellische »Innovationstat«, mit der er die »natürliche«, vom Göttervater gezogene Grenze überschritten hatte.

Provokation

Man mag ja im künstlerisch-literarischen Bereich die Bedeutung der *Provokation* hoch ansiedeln – aber ist es angemessen, sie als »Schirmherrin des Staates und Retterin der Freiheit« (*patronam civitatis ac vindicem libertatis*) zu feiern? Im Lateinischen kann die *provocatio* durchaus wie im Deutschen eine ›Hervor-‹ oder ›Herausruferin‹ zu einem Wettstreit sein oder auch ein provokantes Verhalten im negativen Sinne bezeichnen. Das kurze Cicero-Zitat (Über den Redner II 199) bezieht sich allerdings auf eine andere Bedeutung: Gegen physische Maßnahmen durch Beamte, die Leib und Leben bedrohten, hatte jeder römische Bürger das Appellationsrecht gegenüber dem Volk, lateinisch die *provocatio ad populum.* Diese Möglichkeit, sich gegen die Obrigkeit zu wehren, wurde im Laufe der Ständekämpfe erstritten und im Jahre 300 v. Chr. gesetzlich fixiert. Sie galt als Inbegriff bürgerlicher Freiheit. Das »Nach-vorn-Rufen« (*pro-*) der Provokation war bei diesem zentralen juristischen Terminus also gleichzeitig ein »Herbei-Rufen« der Bürgerschaft gegen tatsächliche oder vermeintliche Übergriffe der Exekutive.

Pyrrhussieg

Es gibt Siege, die kommen Niederlagen gleich. Der *Pyrrhussieg* ist so einer; er bezeichnet einen teuer erkauften Sieg, an dem sich der Sieger selbst nicht recht freuen kann. »Der Fortschritt feiert Pyrrhussiege über die Natur« hat Karl Kraus 1912 formuliert. Das mag stimmen oder auch nicht – einen Pyrrhussieg kann man kaum anschaulicher beschreiben.

Der Begriff geht zurück auf den epeirotischen König Pyrrhos. Er schlug die Römer im Jahre 280 v. Chr. in der Schlacht von Herakleia, erlitt aber selbst so hohe Verluste, dass ein

Freund ihm mit der sarkastischen Bemerkung gratuliert haben soll: »Noch so ein Sieg über die Römer und wir sind verloren« (Plutarch, Moralia 184 c).

Pythisch

Ein nicht mehr sehr gebräuchliches Adjektiv, das sich von der Pythia ableitet, der Apollo-Priesterin des Delphischen Orakels. Sie galt als das Medium des weissagenden Gottes. Ihr »Dienstraum« war das Tempelinnere, wo sie auf einem Dreifuß über einer Erdspalte saß. Daraus strömten betäubende Dünste, die die Pythia in einen tranceähnlichen Zustand versetzten. Die Worte, die sie in diesem Zustand hervorbrachte, waren wahrhaft *pythisch*. Will sagen: ›dunkel‹, ›rätselhaft‹. Es oblag den Oberpriestern, diese Äußerungen der Pythia zu einem verständlichen Orakel zu formen – wobei auch das Spielräume für falsche Deutungen ließ. Da das Delphische Orakel zahlreiche Anfragen erhielt, reichte eine Pythia nicht aus. Es gab stets mehrere Priesterinnen, von denen jedoch immer nur eine im »Einsatz« war. Aber im Grunde arbeiteten die Pythien, auch wenn das ein bisschen pythisch anmuten mag, im Schichtbetrieb.

Republik

Nach Ciceros Definition ist die *res publica*, die ›öffentliche Sache‹, eine *res populi*, »Angelegenheit des (Gesamt-)Volkes«, wobei sich dieses Volk im Hinblick auf Rechtsnormen und gemeinschaftlichen Nutzen einig sein muss (Staat I 39). Aus der lateinischen *res publica* hat sich die *Republik* entwickelt, eine Staatsform, die im wesentlichen durch ihre »Fürstenfreiheit« definiert ist: Es gibt keinen Monarchen an der Spitze. Legt man diese Definition zugrunde und übersetzt den Terminus ins Lateinische, dann muss man von der *libera res publica* sprechen, dem ›freien Staat‹. Die Epoche des römischen »Freistaates« dauerte von 509/8 v. Chr., als das Königtum abgeschafft wurde, bis zum Jahre 27 v. Chr., als Augustus seinen Prinzipat als *novus status*, ›neue Staatsform‹, begründete.

Rhapsodie

Gershwin und Liszt sind die vielleicht bekanntesten Komponisten von Rhapsodien. Diese Vokal- oder Instrumentalwerke zeichnen sich dadurch aus, dass sie an keine bestimmte Form gebunden sind. Das war bei der ursprünglichen *rhapsodía* anders, denn dieser Vortrag von Gedichten bezog sich im wesentlichen auf epische Poesie. Und die war stets in hexametrischen Versen geschrieben. Rhapsoden waren fahrende Sänger, die überlieferte Stoffe in jedes Mal extemporierter Form ›aneinander nähten‹ (gr. *rháptein* ›nähen‹, *odé* ›Gesang‹). Die beliebtesten Stoffe der Rhapsoden, die unter dieser Bezeichnung wohl zuerst im späten 7. Jh. v. Chr. auftraten, waren die Epen Homers (der allerdings selbst den Begriff noch nicht verwendet). Sehr bald kamen in zahlreichen Städten Rhapsoden-Agone auf, bei denen die Sänger ähnlich wie Sportler auf ihrem Gebiet im Wettstreit miteinander auftraten.

Rivale

Auch bei den Römern waren *rivales* schon Konkurrenten oder Nebenbuhler. Wenn zwei junge Männer um die Gunst einer Schönen stritten – und das ist in der Komödie und in der Liebeselegie oft der Fall –, dann werden sie als *rivales* bezeichnet. Der Ursprung des Begriffs aber hat weniger mit loderndem Liebesfeuer als mit kühlem Nass zu tun. *Rivus* ist der ›Bach‹ oder ›Kanal‹, im englischen *river* noch heute sehr präsent. Die Anrainer eines solchen Fließgewässers hießen *rivales*. Und sie konnten, falls das Wasser im Sommer knapp wurde, zu erbitterten Konkurrenten werden – etwa wenn der oben am Wasserlauf ansässige *rivalis* zuviel Wasser auf seine Felder leitete oder »vergaß«, den Ausfluss des Kanals zu schließen, und der untere Anlieger dadurch leer ausging. Dieser Ursprung der Rivalität war dem römischen Gesetzgeber stets bewusst. Die »Digesten« definieren *rivales* als »Leute, die ihr Wasser durch dieselbe Leitung beziehen« und bei denen »ein Streit um die Nutzung des Wassers ausbricht« (XLIII 201, 1, 26).

Rubikon

»Ich glaube, dass wir heute den *Rubikon* überschreiten. Es kann keine Umkehr geben.« Dieser Satz aus der *Rubicon speech* des südafrikanischen Präsidenten P. W. Botha vom 15. August 1985 schien das Ende der Apartheid anzukündigen, und zwar, wie die Rubikon-Metapher zeigte, unwiderruflich. Die hohen Erwartungen, die diese in viele Länder live im Fernsehen übertragene Rede weckte, wurden indes in keiner Weise erfüllt. Auf substantielle Veränderungen und grundlegende Reformen wartete man vergebens.

Die Rubikon-Rhetorik erwies sich deshalb als schwerer politischer Fehler. Es fehlten die Tatkraft und Entschlossenheit, die seit Caesar zum Überschreiten des Rubikons unabdingbar dazugehören. Seine sprichwörtlichen Ehren verdankt der kleine Flusslauf (lat. *Rubico*), der 15 Kilometer nördlich von Rimini in die Adria mündet, der Tatsache, dass er damals die Grenze zwischen der Provinz Gallia Cisalpina und dem römischen »Kernland« Italien markierte. Caesar war es untersagt, seine Truppen nach Italien zu führen. Er solle sich, forderten der Senat und Pompejus, sein Konkurrent um die Macht, als Privatmann nach Rom begeben, wenn er erneut in ein Amt gewählt werden wolle. Dazu war Caesar nicht bereit; er wollte seinem Gegenspieler nicht das Feld überlassen und sich selbst schutzlos einem möglichen Prozess wegen Amtsmissbrauchs aussetzen. Am 10. Januar des Jahres 49 v. Chr. überschritt er mit seinen Soldaten den Rubikon. Kurz zuvor soll er seinen Vertrauten die Bedeutung dieses Schrittes so dargelegt haben: »Noch gibt es für uns ein Zurück. Wenn wir aber diesen Steg hier einmal überschritten haben, dann wird alles Weitere mit Waffengewalt zu erledigen sein« (Sueton, Caesar 31, 1). Mit anderen Worten: Es würde Bürgerkrieg geben. Im Unterschied zu Botha war Caesar ein Mann der Tat: Er überschritt den Rubikon – den er selbst übrigens in seinen Tagebüchern über den Bürgerkrieg namentlich nicht erwähnt.

Sakrament

Sakramente sind im christlichen Sinne sichtbare Zeichen für eine verborgene Wahrheit. Die katholische Kirche kennt sieben Sakramente, die evangelische erkennt nur die Taufe und das Abendmahl als kultische Handlungen an, mit deren Vollzug sich eine Gnadenverheißung verbindet. Als christlicher Terminus erscheint *sacramentum* erstmals bei dem Kirchenvater Tertullian (2./3. Jh.); er gebraucht es als Äquivalent zum griechischen *mystérion*. Die Verbindung zum profanen Verständnis von *sacramentum* ergibt sich durch die *militia Christi*, den ›(Kriegs-)Dienst für Christus‹, für den sich der Christ qua Taufe zugleich qualifiziert und verpflichtet – so wie die römischen Soldaten den Eid auf ihren Heerführer ablegen mussten. Dieser Eid hieß *sacramentum*. Er wurde in der Republik zu Beginn jedes Feldzuges geleistet, im Kaiserreich wurde er alljährlich meist am Jahrestag der Thronbesteigung des Kaisers abgelegt. Mit dem *sacramentum militare* gelobte der Legionär Gehorsam und Gefolgschaft und verzichtete auf einen Teil seiner Bürgerrechte.

Die Geschichte des *sacramentum* reicht aber noch weiter zurück. Der Begriff erscheint schon im Zwölftafelgesetz (451/0 v. Chr.); dort bezeichnet er die ›Geldsumme‹, die wohl beide Gerichtsparteien bei der Priesterschaft hinterlegen mussten. Der genaue Zusammenhang mit der Grundbedeutung ›Eid‹ bleibt dabei unklar. Wohl aber lässt sich die Ursprungsbedeutung von *sacramentum* ermitteln. *Sacer* ist eine *vox media*, also ein Begriff, der je nach Kontext bzw. Perspektive entgegengesetzte Bedeutungen haben kann, in diesem Falle »heilig« und »verflucht«. Wer mit dem *sacramentum* eine heilige Verpflichtung gegenüber einem Gott eingeht, muss als Sanktion für einen Meineid den Fluch des Gottes in Kauf nehmen. Er verfällt dem Gott und wird damit vogelfrei.

Satellit

Das Umkreisen ist sein Spezifikum – sowohl was den modernen *Satelliten* angeht, der über unseren Köpfen die Erde umrundet, als auch was seinen römischen Namensgeber, den *satelles*, betrifft. Der war der ›Trabant‹ eines Vornehmen, sein Begleiter, der ihm mit dem Ehrengeleit gleichzeitig das Gefühl gab, bedeutend zu sein. Im negativen Sinne kann der *satelles* bei moralisch fragwürdigen »Herren« auch der »Helfershelfer« oder »Spießgeselle« sein. Aber von dieser schlechten Gesellschaft wollen wir jene hilfreichen Umkreiser, die uns unsere Lieblings-TV-Formate »herunterfunken«, weit entfernt halten.

Satire

Satura quidem tota nostra est, »die *Satire* gehört zur Gänze uns«, sagt der große Rhetoriker Quintilian (X 1) und reklamiert diese Form der Spottdichtung als einziges literarisches Genus für Rom. Die anderen literarischen Genera, derer sich die römische Dichtung bedient habe, seien anerkanntermaßen griechische Erfindungen. Dieser Ausprägung römischen Nationalstolzes (der sich ansonsten selten auf literarische Meriten bezieht) ist nicht zu widersprechen, auch wenn es griechische »Vorläufer« und Parallelen zur Satire gibt. Die bedeutendsten Vertreter waren Lucilius, von dem nur Fragmente erhalten sind, Horaz, Juvenal und Persius. Der Begriff geht auf eine *satura lanx* zurück, eine ›mit Früchten gefüllte Schale‹, die die thematische Vielfalt und Offenheit der Satire spiegelt. Als Spottobjekt bot – und bietet – sich alles und jeder an, und deshalb ist das spöttische »Allerlei« ein durchaus passender Generalbegriff. In einem Punkte allerdings sind sich die Klassiker der römischen Satire einig: Das passende Versmaß war der

Hexameter, und der ist – eine wohl nicht nur zufällige Übereinstimmung – das für die »hohe« Epik konstitutive Metrum. Zumindest in dieser Hinsicht versteht sich die »Alltagsdichtung« der Satire als literarisches Spitzenprodukt.

Schierlingsbecher

Bildungssprachlich kann man den *Schierlingsbecher* immer noch nehmen oder ihn leeren – als Synonym für eine Selbsttötung mittels Gift. Aktiv dürfte diese Metapher nur wenigen über die Lippen gehen, im passiven Wortschatz dagegen ist er noch recht präsent. Man könnte in Abwandlung eines Seneca-Zitats sagen: »Sokrates hat den Schierlingsbecher groß gemacht.« Im Original tauschen Subjekt und Objekt die Rollen: *cicuta magnum Socratem fecit*, »der Schierling hat Sokrates groß gemacht« (Briefe an Lucilius 13, 14). In der Tat gründet sich der Ruhm des athenischen Philosophen nicht zuletzt darauf, dass er sich dem Todesurteil des Gerichts im Jahre 399 v. Chr. nicht durch Flucht entzogen hat und sich den Becher mit dem tödlichen Pflanzengift mit Gleichmut und Gelassenheit hat verabreichen lassen. Für seine Heimatstadt Athen war der sokratische Schierlingsbecher alles andere als ein Ruhmesblatt – sie hat einen ihrer Größten wegen angeblicher Gottlosigkeit (Asebie) und Verführung der Jugend zum Tode verurteilt.

Sibyllinisch

Wenn ein *sibyllinisches* Lächeln die Miene unseres Gegenübers umspielt, dann wirkt er auf uns »geheimnisvoll« und »rätselhaft«. Auch bei sibyllinischen Äußerungen wissen wir nicht so recht, woran wir sind: Sie sind unklar und scheinen für sehr unterschiedliche Interpretationen offen zu sein.

Das war bei den sibyllinischen »Orakeln« der Antike nicht anders. Die Sibyllen waren gewissermaßen unabhängige Seherinnen, die ihre Profession nicht im institutionalisierten Rahmen eines »statischen« Orakels ausübten, sondern zumindest in der Frühzeit auch auf Wanderschaft gingen. Der Ursprung der sibyllinischen Prophetie lag in Kleinasien; indes verbreitete sich diese Form der Weissagung im Laufe der Zeit im gesamten Mittelmeerraum, so dass man schließlich zehn Sibyllen nach ihrem Sitz unterschied – in historischer Zeit waren sie sesshaft. Sibyllen galten als gottinspirierte Prophetinnen, die ein hohes Alter erreichten und in der Regel als alte Frauen dargestellt wurden. Sie waren zur Jungfräulichkeit verpflichtet; ansonsten gab es keine Berufs-»Eingangsvoraussetzungen«. Die berühmteste Sibylle war die im süditalischen Cumae beheimatete. Sie erlangte literarischen Ruhm durch Vergil, der sie als Führerin des Aeneas auf seinem Weg in die Unterwelt wählte.

Auf die Sibyllen führte man in der Antike die *Sibyllini libri* zurück, eine literarische Gattung, die u. a. Zukunftsvisionen und -szenarien ausmalte und Anregungen für Sühnerituale enthielt, wie sich vor allem staatliche Gemeinschaften aus Notsituationen wie Seuchen und Naturkatastrophen befreien könnten. Da die Römer an allen Techniken der Zukunftserforschung höchst interessiert waren, verwundert es nicht, dass die »Sibyllinischen Bücher« (auch *libri fatales*, ›Schicksalsbücher‹, genannt) im Kapitolinischen Jupitertempel aufbewahrt und bei wichtigen Anlässen auf offiziellen Senatsbeschluss hin konsultiert wurden. Dass ihre Auslegung die Priester vor erhebliche Schwierigkeiten stellte, liegt angesichts ihres kryptischen – oder sagen wir doch: sibyllinischen – Charakters auf der Hand.

Beim Brand des Kapitols im Jahre 83 v. Chr. gingen die *Sibyllini libri* unter; eine Kommission wurde nach Griechenland geschickt, um die sibyllinischen Sprüche aus verschiedenen Heiligtümern wieder zusammenzutragen. Von diesen »neuen« sibyllinischen Büchern sind noch 12 erhalten; sie haben aber, wie ihre christlich-jüdische Prägung zeigt, nichts mit der ursprünglichen Sammlung gemein.

Im gleichnamigen weiblichen Vornamen lebt die »alte« Sibylle, wenn auch nicht unbedingt als Typus, in vielen Sprachen weiter. So auch im Deutschen. Das einzige, das sich damit für viele noch als »rätselhaft« verbindet, ist die korrekte Schreibweise. Zumindest wenn es nach der Antike geht, sollte das Ypsilon erst an zweiter Stelle stehen.

(Die) Sieben Weisen

Die von der deutschen Bundesregierung ernannten »Wirtschaftsweisen« stehen begrifflich noch in ihrer Tradition; weitere Parallelen bieten sich zu den Sieben Weisen des Altertums aber nicht an. Sie nahmen nicht oder nur sehr bedingt zu Wirtschaftsfragen Stellung, sondern waren für ihre ganz allgemein gehaltenen, knappen Lebensregeln berühmt. Die dem Naturphilosophen und Mathematiker Thales zugeschriebene Sentenz »Erkenne dich selbst!« zeigt exemplarisch die enge Beziehung zwischen den Sieben Weisen und dem Delphischen Orakel. Der Staatsmann Solon warb für ein »Nichts im Übermaß!«; der Ratschlag des Gesetzgebers Pittakos war »Erkenne den passenden Augenblick!«, während sich mit dem Staatsmann Bias die nicht gerade ermutigende Erkenntnis verband, dass »die meisten schlecht sind«. Diese vier finden sich in sämtlichen Katalogen der Sieben Weisen; ansonsten umfassen die konkurrierenden Listen im Ganzen 17 Namen.

Sie alle – Philosophen oder Staatsmänner aus dem griechischen Kern- und dem Kolonisationsgebiet – sind Vorsokratiker und lebten zumeist im 7./6. Jh. v. Chr. Wie bei den Sieben Weltwundern kam eine kanonische, allgemein akzeptierte Liste nur mit Mühe zustande. Erst um 300 v. Chr. lag sie vor. Auf ihr stehen neben den vier stets »gesetzten« Weisen zusätzlich Cheilon, Kleobulos und Periander. Was Bruno Snell schon im Jahre 1938 feststellte, gilt heute erst recht: »Es ist keine Schande nicht zu wissen, wer all die Sieben Weisen waren.« Wohl aber gehört es zum Rüstzeug der Bildung, *dass* man sie als legendäres Ensemble kennt, das frühgriechische Weisheit und praktische Lebensklugheit symbolisiert. Wie wenig selbst solche anerkannten Geistesgrößen davor gefeit waren, augenzwinkernd als Ratgeber in ganz anderen Kontexten bemüht zu werden, zeigt die sog. »Taverne der Sieben Weisen« in der römischen Hafenstadt Ostia: Unter ihren jeweiligen Porträts geben sie dort mehr oder minder sachkundige Tipps zum Thema Verdauung und Stuhlgang.

(Die) Sieben Weltwunder

Zu allen Zeiten haben spektakuläre, wahrhaft »sehenswerte« Bauwerke besonderes Interesse auf sich gezogen. Noch der moderne Kulturtourismus steht ganz in dieser Tradition. Auch die Griechen haben großartige, sichtbare Kulturleistungen von Menschenhand als »schauenswert« empfunden; sie sprachen von *theámata* (›Schauwerken‹, ›Sehenswürdigkeiten‹) – ein Begriff, der inhaltlich und sprachlich nicht weit entfernt ist von dem Wort, das ihn ablösen sollte: *thaumata*, ›Wunderwerke‹, ›Wunderbares‹.

Es spricht für die Neugier und Offenheit der Hellenen, dass sie auch beeindruckende Bauwerke nichtgriechischer Kulturen zu den *Weltwundern* zählten: Den Hängenden Gärten der Semiramis in Babylon wurde ebenso wie der babylonischen Stadtmauer und den Pyramiden der Status des Weltwunders zugebilligt. Daneben standen auf den konkurrierenden Listen der Weltwunder auch andere Bauwerke; auf eine verbindliche

Liste hat sich das Altertum nicht einigen können. Die Kanonisierung geht erst auf den niederländischen Künstler M. v. Heemskerck zurück, auf dessen im 16. Jh. erstellter Liste neben den drei erwähnten nichtgriechischen Monumenten die Zeusstatue im Tempel von Olympia, der Tempel der Artemis in Ephesos, der Koloss von Rhodos, eine Riesenstatue, die die Hafeneinfahrt überspannte, und das gewaltige Grabmal des hellenistischen Fürsten Maussolos in Halikarnass (vgl. *Mausoleum*) standen. Im Altertum wurden weitere Bauwerke wie z.B. der Leuchtturm von Alexandria sowie eine Euphrat-Brücke als »Listen-Kandidaten« gehandelt.

Die magische Siebenzahl wurde nie in Frage gestellt. Als kulturelle »Spätentwickler« standen die Römer daher vor einem Problem. Sicherlich wäre das Colosseum eine würdige »Besetzung« für die Weltwunder-Liste gewesen (der römische Dichter Martial sieht es weit vor den traditionellen Wundern; Buch der Spiele 1) – aber welches seit Jahrhunderten eingeführte Wunderwerk hätte man dafür streichen sollen? Und was war mit dem Pantheon in Rom, was war mit anderen berühmten Bauwerken in der Hauptstadt des Reiches? Kein Wunder, dass am Ende der Antike der »letzte große Gelehrte« Cassiodor diesen Gordischen Knoten löste, indem er die ganze Stadt Rom kurzerhand zum achten Weltwunder ausrief (Variae VIII 15, 4).

Sirene

Schön waren sie nicht, die Töchter des Acheloos und einer Muse, mit ihrer Zwittergestalt von Frau und – von den Hüften abwärts – Vogel. Aber ihr Gesang war wunderschön und verführerisch – wie noch heute die Metapher vom »verzaubernden Sirenengesang« kündet. Ihr Mythos geht wohl auf Seefahrergeschichten zurück; Homer siedelt ihn passenderweise in diesem Ambiente an. Seefahrer, die an der Insel der Sirenen (gelegentlich als Capri identifiziert) vorbeikamen, ließen sich vom Sirenengesang magisch an- und ins Verderben locken. Der Strand war von Opfern übersät.

Odysseus gelang es, dem Lockruf der Sirenen zu widerstehen. Er verstopfte, als die Insel vor ihnen lag, seinen Gefährten die Ohren mit Wachs; er selbst ließ sich an den Mastbaum des Schiffes binden, so dass er der Verzauberung physisch nicht nachgeben konnte. In der nachhomerischen Literatur erscheinen die Sirenen zunehmend als unwiderstehliche Frauen und werden zur Metapher für die Gefahr, die von weiblichen Verführungskünsten ausgeht. Dass das Christentum in Antike und Mittelalter diese Interpretation übernommen hat, verwundert wenig.

Eher verwundert es, dass Charles de la Tour den von ihm im Jahre 1819 erfundenen Schallgeber auf den Namen *sirène* getauft hat. Dass Sirenengeheul und Sirenengesang außer den namengebenden Damen von fragwürdigem Ruf nichts miteinander zu tun haben, dürfte jedermann klar werden, wenn eine Sirene ertönt. Als Lockruf interpretiert *das* niemand.

Sisyphusarbeit

Als erster hat der römische Dichter Properz (1. Jh. v. Chr.) den Begriff des *Sisyphius labor*, der *Sisyphusarbeit*, geprägt (II 20; 32; vgl. II 17, 7). Er versteht ihn ähnlich, wie er heute gebräuchlich ist: Als eine furchtbare, nie endende Qual. Schon in der »Odyssee« schildert Homer die Mühen des Sisyphus, die sich durch ihre Vergeblichkeit auszeichnen. Er rollt einen Stein einen Berg hinauf. Kaum ist er oben angekommen, rollt der Stein wieder hinab und Sisyphus muss von vorn beginnen.

Womit hatte es sich Sisyphus »verdient«, unter die großen Büßer der Unterwelt aufgenommen zu werden? Hervorstechendes Merkmal seiner Persönlichkeit war seine Schläue. Niemand war listiger, niemand verschlagener, niemand aber auch skrupelloser als der mythische Gründerkönig von Korinth. Diese (scheinbare) Klugheit – vielleicht ist Cleverness der passendere Begriff – setzte er auch gegenüber höheren Mächten ein. Der Mythos legte ihm manche Gaunerei zur Last; vor allem aber, dass er – einigen Quellen zufolge sogar mehrmals – den Sieg über den Tod davontrug. Diese Rebellion gegen den natürlichen Gang der Dinge wurde von den Göttern als Hybris gewertet – und unbarmherzig bestraft. Die Sisyphusarbeit wurde so zu einem Sinnbild nicht nur für den tagtäglichen Frust – lateinisch *frustra* bedeutet ›vergeblich‹ –, sondern spätestens seit Camus' *Le mythe de Sisyphus* auch für die tatsächliche oder vermeintliche Sinnlosigkeit menschlicher Existenz. Das Leben als Sisyphusarbeit: schwer und im Grunde nicht zu bewältigen – auch wenn es manchmal, oben angekommen, für einen Augenblick so scheint.

Skylla und Charybdis

Wer in eine ausweglose Lage gerät, in der ihm, egal, was er tut, eines von zwei Übeln droht oder in der er sich zwischen zwei unangenehmen Optionen entscheiden muss, der gerät zwischen *Skylla und Charybdis*. Es dürfte ihm in dieser Situation auch wenig Trost bieten, dass er damit in die Fußstapfen berühmter Gestalten des Mythos tritt, seien es Odysseus und seine Gefährten, seien es die Argonauten. Beide, Skylla wie Charybdis, sind Meeresungeheuer. Homer beschreibt Skylla als Monstrum mit sechs Rachen und zwölf Vorderfüßen, das von einer hoch gelegenen Felsenhöhle aus nach Beute schnappt. Ihr gegenüber haust die noch schrecklichere Charybdis, ein als Frau personifizierter Meeresstrudel. Sie schlürft dreimal täglich das Meerwasser ein und speit es wieder aus, wobei sie »die Flut hoch zu den Sternen aufspritzen lässt« (Vergil, Aeneis III 423). Fürwahr keine beneidenswerte Situation, wenn man zwischen diese beiden »Verderben der Seefahrer« (Aischylos, Agamemnon 1234) gerät, die in der wirklichen Welt häufig mit der gefährlichen Meerenge von Messina identifiziert wurden.

Sophistisch

Sie begannen als Weise – *sophistés* war ursprünglich ein Synonym zu *sophós* ›weise‹ – und endeten als Wortverdreher: Eine Gruppe von Intellektuellen, die Ende des 5. Jh.s v. Chr. Griechenland geistig unsicher machten – jedenfalls nach Ansicht ihrer konservativen Gegner. Die Sophisten waren nicht Vertreter einer bestimmten »Schule«; sie verstanden sich gewissermaßen als unabhängige Denker und Lehrer, die sich allerdings hinsichtlich ihrer »Methodik« vergleichen lassen. Sie zogen als Wanderlehrer durch das Land und hatten dort, wo sie ihre Dienste anboten, in der Regel kein Bürgerrecht – eine mangelnde Verwurzelung, die sie Konventionen leichter in Frage stellen ließ. Die meisten waren einem aufklärerischen Skeptizismus verpflichtet, der Überkommenes in Frage stellte und sie auch neue Lehrinhalte wie Mathematik und Naturwissenschaften in ihr Lehrrepertoire aufnehmen ließ. Dass sie für ihre Lehrtätigkeit Geld nahmen, war ungewöhnlich und trug ihnen Misstrauen und Verachtung ein. Nach herrschender Ansicht der Oberschicht machte sich, wer sich bezahlen ließ, von dem »Kunden« abhängig.

Die aufblühende Kunst der Rhetorik und der dialektischen Argumentation machten sich die Sophisten zunutze; viele waren rhetorisch brillant und verstanden es, ihr Auditorium mit kraftvollem Redetalent zu überzeugen. Dass sie dies als Freigeister und Aufklärer taten und wohl auch eigene Positionen in Frage zu stellen wagten, führte bei manch einem Zuhörer zu Irritation und Verunsicherung. Sokrates warf den Sophisten vor, »die schwächere Position zur stärkeren zu machen« – und zwar allein durch geschickte Rhetorik. Diese »Skrupellosigkeit« nutzten ihre Gegner, um sie als spitzfindige Scheinweise zu diffamieren, die vorwiegend mit rhetorischen Taschenspielertricks arbeiteten und sich auf diese Weise als eher fragwürdige Erzieher der Jugend profilierten.

Da die Schriften der Sophisten verloren sind, hat die Nachwelt sie überwiegend mit den Augen ihrer Gegner gesehen, darunter so einflussreichen Denkern wie Platon. Auf ihn scheint der negativ gefärbte Begriff des »Sophisten« sogar zurückzugehen. Dieses in der Antike geprägte Negativimage wirkt bis heute nach. Wer sophistisch argumentiert, dem attestiert man zwar rhetorisches Geschick, aber zugleich Spitzfindigkeit und mangelnde Seriosität, der wird als Wortverdreher und Scheinargumentierer verdächtigt. Eine leise Hoffnung auf eine späte Ehrenrettung keimt indes in einer englischen Weiterbildung auf: *sophisticated* entwickelt sich immer mehr zu einem anerkennenden Synonym zu ›raffiniert‹, ›ausgeklügelt‹. Da scheint dann doch wieder etwas von dem Ursprungsbegriff ›weise‹ auf, wenn auch in einer zeitgenössischen Ausprägung, die auch heute nicht jedem gefällt.

Spartanisch

Eine *spartanisch* möblierte Wohnung, ein spartanisches Essen, eine spartanische Feier – das alles macht einen schlichten, ja kärglichen oder sogar ärmlichen Eindruck. *Spartanisch* ist das Gegenteil einer konsumorientierten Lebensweise oder eines hedonistischen Lebensstils – es sei denn, man könnte es als neue Schlichtheit uminterpretieren und gleichsam programmatisch an das alte historische »Ideal« der Spartaner anknüpfen.

Das bestand in einem entbehrungsreichen, harten Leben, in dem alles auf das Kriegerdasein der Vollbürger zugeschnitten war: Kargheit statt Konsum, Verzicht statt Verprassen, ›spartanisch‹ eben.

Dieses Bild von sich haben die Spartaner und ihre konservativen publizistischen »Hilfstruppen« nicht ohne propagandistisches Geschick zu einer Legende stilisiert. Sie gaben sich als die Harten vom Eurotas, und dieses Image implizierte, da ja nichts Verführerisches, Luxuriöses erlaubt war, Sittenstrenge und Tugend. Besonders im 19. Jh. ist dieses spartanische Eigenbild stark rezipiert und weiter idealisiert worden. Mit der historischen Wirklichkeit stimmt es nur bedingt überein. Es trifft allenfalls auf das Sparta von der Mitte des 6. Jh.s bis zur Mitte des 4. Jh.s v. Chr. zu, aber auch da nur mit kräftigen Abstrichen. Ansonsten gab es genügend Unspartanisches in Sparta. Aber so geht es nun einmal an der Tafel der Geschichtklitterer und Legendenbildner zu: Mit spartanischen Mahlzeiten pflegen sich *diese* Gastgeber nicht zu begnügen.

Sphinx

»Es gibt auf der Erde ein Wesen, das eine Stimme hat und als einziges von allen Lebewesen seine Natur verändert. Es hat vier, zwei und drei Füße. Wenn es sich auf die meisten Füße stützt, ist seine Kraft am geringsten.« Dieses Rätsel stellte die *Sphinx*, ein Mischwesen-Ungeheuer mit dem Oberkörper einer Jungfrau und dem Unterkörper einer Löwin, allen, denen sie im Gebiet von Theben begegnete. Wer die Frage nicht beantworten konnte, verlor sein Leben. Der Terror endete erst, als Ödipus das Rätsel löste. Es war der Mensch, der sich als Kleinkind auf vier »Beinen« bewegt, als Erwachsener auf zweien und im Alter einen Stock als Gehhilfe, als drittes Bein gewissermaßen, benötigt. Mit der richtigen Antwort hatte die

Sphinx ihre »Daseinsberechtigung« verloren: Sie stürzte sich vom Burgberg Thebens in den Tod.

Was von ihr blieb, ist das Rätselhafte, Undurchschaubare, das sich von ihrer konkreten »Quiz«-Frage auf ihr Wesen und ihre ganze Erscheinung ausdehnte. Die Sphinx wurde zum Inbegriff geheimnisvollen Wissens; das kühle Lächeln der Sphinx passt zu ihrer Undurchschaubarkeit und Unberechenbarkeit.

Sphingen entwickelten sich seit archaischer Zeit zu einem beliebten Dekorationselement in der Architektur, aber auch an Möbeln und anderen Haushaltsgegenständen. Auch auf griechischen Grabstelen und römischen Sarkophagen tauchen sie als Motiv häufig auf; das könnte ein Indiz für eine Bedeutung als Todessymbol sein.

Die Gemeinsamkeit mit den berühmten ägyptischen Sphingen liegt einerseits im griechischen Namen, der sich für diese Darstellungen eingebürgert hat, andererseits darin, dass es sich in beiden Fällen um Hybridgestalten handelt – bei der ägyptischen um die Statue eines geflügelten Löwen oder Raubvogels mit Pharaonenkopf. Wie sehr die Sphinx als Sinnbild für Ägypten verstanden wurde, zeigt die Tatsache, dass Augustus nach der Eroberung des Landes eine Zeitlang einen Siegelring mit diesem Motiv benutzte.

Stadion

Auch wenn das die nächstliegende Assoziation sein dürfte: Fußball haben die Griechen in ihren *Stadien* nicht gespielt (der war nämlich noch nicht erfunden). Wohl aber geht der Name auf eine Sportdisziplin zurück, die eng zum Fußballspiel gehört: das Laufen. Das *stádion* war zunächst einmal ein Längenmaß, mit dem üblicherweise auch größere Entfernungen angegeben wurden. Es gab in den auf Autonomie bedachten Poleis der Griechen keine Normierung des Stadion- bzw. Fußmaßes (1 Stadion entsprach 600 Fuß). Während die Athener mit rund 186 Metern rechneten, legte man in Delphi nur 177 Meter, in Olympia aber 192 Meter zugrunde. Insgesamt liegt die Bandbreite der Stadien zwischen 162 und 210 Metern.

Olympia nahm zwar bei den Sportfesten stets den ersten Rang ein, doch setzte sich das olympische Stadion-Maß keineswegs in ganz Hellas durch. Die früheste – und zunächst einzige – Disziplin der Olympischen Spiele war der Stadion-Lauf. Die Läufer legten dabei also eine Distanz von 192 Metern zurück, mit der modernen Sprintstrecke über 200 Meter vergleichbar. Als Laufanlagen wurden zunächst natürliche Senken genutzt; die benachbarten Anhöhen dienten als Tribünen für die Zuschauer. Als Bezeichnung für ein Bauwerk (›Kampfplatz‹) kommt *stádion* erstmals im 5. Jh. v. Chr. vor, ab dem 4. Jh. v. Chr. werden die zuvor »naturnahen« Kampfbahnen verstärkt zu Stadien in Stein ausgebaut. Die »alten« griechischen Stadien wurden in römischer Zeit weiterbenutzt; im Westen des Reiches setzte sich dieser Architekturtypus aber nicht durch, auch wenn der Begriff lateinisch als *stadium* »eingemeindet« wurde. Es gab allerdings eine höchst bemerkenswerte Ausnahme von dieser Regel: Das *stadium Domitiani*, das heute noch in der Form erhalten und zu einem der schönsten Plätze der Welt geworden ist, der Piazza Navona in Rom.

Stentorstimme

Wollte man im 18. Jh. das Sprachrohr, den Vorläufer des Megaphons, »wissenschaftlich« korrekt benennen, so sprach man von der *tuba Stentoria*. Das ist ein neulateinischer Begriff, den aber die Römer vielleicht sogar verstanden hätten. Denn auch bei ihnen war Stentor eine Chiffre für einen sehr stimmgewaltigen Menschen. Der homerische Stentor hat einen sprechenden Namen: Er ist der »Brüller«. Und das nicht zu Unrecht, bescheinigt Homer dem legendären Herold der Griechen vor Troja doch, dass »sein Ruf so laut tönt wie der von fünfzig anderen Männern« (Ilias V 785 f.). Wer also über eine *Stentorstimme* verfügt, der braucht weder ein Mega- noch ein Mikrophon.

Stigma

Wenn Menschen gesellschaftlich *stigmatisiert* sind, dann werden sie durch irgendein erkennbares Zeichen ausgegrenzt – eine Randgruppe, die vielfach der Verachtung und dem Spott ausgesetzt ist. Das *Stigma* muss heutzutage kein körperliches Merkmal sein. Das war in der Antike indes die Regel. Mit einem *stígma* (gr. für ›Stich‹, ›Punkt‹) wurden vor allem Sklaven versehen, die schon einmal geflohen oder der Flucht verdächtig waren. Der *stigmatías* erhielt ein Brandzeichen auf der Stirn, seltener auf der Hand. Auch bei den Römern war die Brandmarkung als Strafe für Unfreie nicht unbekannt; sie übernahmen *stigma* als Lehnwort ins Lateinische. Die Stigmatisierung von Sklaven war sicher die Ausnahme; noch seltener wurde sie bei Kriegsgefangenen und Bergwerksarbeitern angewendet. Im übertragenen Sinn kann *stigma* ›Beleidigung‹, ›Beschimpfung‹ heißen; diese dem modernen Sprachgebrauch nahekommende Bedeutung war indes nicht sehr üblich. Gelegentlich wird auch die Tätowierung, wie sie bei manchen »Barbaren«-Völkern gebräuchlich war, als *stigma* bezeichnet (Cicero, Über die Pflichten II 25). Damit hätte man bei der Übersetzung von »Tattoo« ins Lateinische sogar einen authentischen Begriff zur Verfügung.

Im christlichen Kontext werden die Wundmale Christi als *stigmata* bezeichnet. Stigmatisierte Personen sind in diesem Sinne zwar auch eine Randgruppe, aber eine, der vielfach Bewunderung und Ehrfurcht entgegengebracht wird, weil ihr

Körper auf mirakulöse Weise die Wundmale Christi dauerhaft aufweist – in einigen Fällen sogar die Grundlage ihrer Selig- und Heiligsprechung.

Stoisch

Wer etwas *stoisch* erträgt, stoische Ruhe ausstrahlt und sich der Hektik der modernen Welt mit stoischer Gelassenheit entzieht, der bekennt sich zumindest in einem Punkt als Anhänger der Stoa. Die im späten 4. Jh. v. Chr. von Zenon gegründete Philosophenschule erhielt ihren Namen von ihrem athenischen Unterrichtsort, der Stoá Poikíle, der ›bemalten Säulenhalle‹.

Wie andere hellenistische Philosophenschulen zielten die Stoiker auf die individuelle *eudaimonía* ab, das ›Glück‹ des Menschen. Nach stoischer Auffassung standen diesem Ziel vor allem zwei falsche Einstellungen im Wege: Zum einen die Fehlhaltung, sich von den einzelnen nicht wirklich verfügbaren Glücksgütern wie Reichtum, Gesundheit oder sogar Freiheit abhängig zu machen, zum anderen die Neigung, sich von Affekten wie Furcht und Freude beherrschen zu lassen, die ja auch durch äußere Einflüsse bewirkt und verändert werden können. Als vernunftbegabtes Wesen sollte sich der Mensch von diesen Emotionen frei halten. Da das wahre Glück mit der inneren Freiheit identisch ist, der die launische Fortuna nichts anhaben kann, ist ein Zustand anzustreben, der »frei von Affekten« ist. Diesen Zustand nannten die Stoiker *apátheia* (verneinendes *a-* + *pathos* ›Leidenschaft‹, ›Affekt‹). Wer ihn erreicht hat, ist durch nichts zu erschüttern. Deshalb ist der ein echter Stoiker, der in allen Situationen gelassen und gleichmütig – eben ›stoisch‹ – bleibt und sozusagen die ›stoische‹ Ruhe weg hat.

Strategie

Der *strategós* war bei den Griechen der ›Heerführer‹, ›Feldherr‹, ›Oberbefehlshaber‹ (*stratós* ›Heer‹, *ágein* ›leiten‹). Folglich war er für die *strategía* verantwortlich, die ›Feldherrenkunst‹, mit dem das *stratós,* ›Heer‹, mit seinen *stratiótai,* ›Kriegern‹, bestmögliche Ergebnisse erreichte. Man sieht: Der Stamm *strat-* hat stets etwas mit ›Krieg‹ zu tun.

Heute ist *Strategie* geradezu ein Zauberwort, das sich zwar auch noch auf das Militärische bezieht, sich aber in viele andere Bereiche ausgedehnt hat. Politiker sollen strategisch denken, Parteien sollen Strategien verfolgen, in der Wirtschaft sind Strategien eine unabdingbare Grundlage des längerfristigen Erfolges, im Freizeitbereich gibt es Strategie-Spiele und nicht selten wird auch dem einzelnen Menschen geraten, eine persönliche Strategie zu verfolgen. Allen Strategien gemeinsam ist eine langfristige Planung, ein Denken über das Hier und Jetzt hinaus, ein Vorgehen mit analytischer Weitsicht. Das macht den Unterschied zur »Taktik« aus; sie gehorcht kurzfristigen Erwägungen und ist in der Regel der strategischen Langfrist-Perspektive untergeordnet.

Die alten Griechen wären erstaunt gewesen, dass es sich bei dem Wettbewerb »Stratege des Jahres« um einen Wirtschaftspreis handelt. Aber vielleicht sind Wirtschaft und Krieg zumindest in der Mentalität gar nicht so weit voneinander entfernt, wie es auf den ersten Blick scheint. Dafür spricht auch, dass eine Werbestrategie ein durchaus noch gebräuchliches Synonym im Deutschen hat: den ›Werbefeldzug‹.

Sybarit

Luxus und Schlemmerei sind durchaus »in«, »Genuss pur« wird in der Sprache der Werbung gern gebraucht, um ein Konsumgut anzupreisen, aber der *Sybarit* bzw. das *Sybaritentum* sind sprachlich weitgehend »out« – obwohl sie nichts anderes bedeuten als die erwähnten Begriffe und Einstellungen. Der Sybarit ist der Genussmensch, und diese Bezeichnung geht auf die griechische Kolonie Sybaris am Golf von Tarent zurück. Im 8. Jh. v. Chr. im unteritalischen Großgriechenland gegründet, blühte sie rasch auf und zeichnete sich durch außergewöhnlichen Wohlstand aus. Dessen Grundlage war eine fruchtbare Schwemmlandebene, auf der Agrarprodukte wie Getreide und Wein prächtig gediehen, sowie ein schwunghafter Handel: Sybaris entwickelte sich zur Drehscheibe des Warentausches zwischen Griechenland und dem Orient einerseits und Italien andererseits. Die Stadt wurde im Jahre 510 v. Chr. zerstört – in einem Handelskrieg, in dem die Nachbarstadt Kroton die Oberhand behielt.

Der Reichtum der Stadt begründete einen Mythos des Wohllebens, der Schwelgerei, ja einer Art von Schlaraffenland, der sich von der Realität des Alltags seiner Bewohner immer stärker entfernte. Sybariten wurden mit Weichlingen gleichgesetzt, die sich in einem luxuriösen Lotterleben wohl eingerichtet hatten. Es bildete sich sogar eine Literaturgattung heraus, die *Sybaritikoí lógoi*, »Geschichten vom Leben der Sybariten«, die ebenso phantasievoll wie unhistorisch aus dem üppig-dekadenten Leben der Sybariten zu erzählen wussten – nachzulesen vor allem in den »Tischunterhaltungen« des Athenaios (XII 518c–522d). Athenaios berichtet unter anderem von einer aufsehenerregenden Innovation, die die sybaritischen Genussmenschen fast in die Nähe moderner Umweltschützer rückt: Sie sollen als erste nicht nur »laute« Gewerbe wie Schmiede und Zimmerleute aus den Wohnvierteln verbannt haben, um den Schlaf der Anwohner zu schützen, sondern sogar Hähne – wenig wahrscheinlich, aber originell und zukunftweisend (Athenaios XII 518c).

In unserer Zeit erinnert wenig mehr als ein Quizspiel mit

dem Namen »Sybarit« an die mehr als zweitausend Jahre alte sprachliche Rezeptionsgeschichte der Sybariten. Immerhin definiert sich das Quiz zutreffend als »ein Spiel für Menschen, die die guten Dinge im Leben schätzen«.

Symposium

Wissenschaftliche Konferenzen und Fachtagungen nennen sich gern *Symposien. Symposium* ist die lateinische Umformung des griechischen *sympósion* – und hat mit dem eigentlichen Wesen des Ursprungsbegriffs nichts mehr zu tun. Denn ein *sympósion* ist ein ›gemeinsames Trinken‹, bei dem der Weingenuss im Mittelpunkt steht und alles andere sich um ihn herum gruppiert. Das *sympósion* schloss sich an ein gemeinsames Essen an. Die ersten Krüge galten den Göttern; ein Symposiarch wurde gewählt; er hatte die ›Herrschaft‹ (*arché*) über das Trinkgelage, indem er u. a. das Mischungsverhältnis von Wasser und Wein bestimmte und die Verteilung der Weinbecher an die Mittrinker organisierte. Begleitet wurde die weinselige Geselligkeitsrunde von Gesprächen über »Gott und die Welt«, deren Niveau sich nach der Zusammensetzung der Trinkerrunde und dem fortschreitenden Grad an Alkoholisierung richtete. Als weitere Unterhaltungsformen kamen Rätsel, Gesellschaftsspiele und Gesangsvorträge hinzu. Auch die Vorführungen von Musikern, Tänzerinnen und Spaßmachern sowie sexuelle Zerstreuung mit Hilfe gemieteter Hetären waren nicht unüblich.

Eine Parallele zu Wein-losen modernen Symposien erweist sich allenfalls in dem gehobenen Niveau seriöser Diskutanten mit philosophisch-rhetorischer Bildung. Dabei wurden auch literarische Gegenstände, grammatisch-philologische Themen, philosophische und kulturgeschichtliche Fragen ebenso eingehend wie kontrovers behandelt. Mit der Symposien-Literatur schufen griechische und römische Schriftsteller eine einschlägige Gattung, die solche Komplexe auf dem fiktiven Hintergrund einer meist gelehrt zusammengesetzten Trinkerrunde ausführlich thematisiert. Als Stimulantien einer intensiven Diskussion galten die Gleichheit aller Symposion-Teilnehmer, die allgemein respektierte Redefreiheit und nicht zuletzt die Gabe des Dionysos, deren geradezu erzieherische Wirkung Platon im »Symposion« ausdrücklich hervorhebt – auch wenn »ein Gelage bei weiter fortschreitendem Zechen notwendigerweise immer lärmend wird« (671 a).

Szene

Wenn die eine Person der anderen eine »*Szene* macht«, dann liegt das nahe an der griechischen Ursprungsbedeutung des Wortes. Denn dieser »Zank« ist eine theatralische Inszenierung – und die *skené* bezeichnete die ›Hütte‹, das ›Zelt‹, das im griechischen Theater anfangs als Trägerin für Bühnenbilder diente, später dann das Bühnengebäude bzw. die Kulisse. Die Römer übernahmen den Begriff als Lehnwort. In den frühen römischen Holztheatern war die *scaena* ein Gerüst, auf dem die Schauspieler agierten, mithin die Bühne. Der Terminus bekam eine allgemeinere Bedeutung, indem er den ›Schauplatz‹ einer Tätigkeit bezeichnete. Cicero definiert die Volksversammlung als *maxima quasi oratoris scaena*, »als gleichsam wichtigste Bühne eines Redners« (Über den Redner II 338). Da Redner (und damit Politiker) über schauspielerisches Talent verfügen müssen, liegt der Bühnen-Vergleich besonders nahe.

Aus der Theater-Szene hat sich eine Reihe von übertragenen Bedeutungen entwickelt, u. a. die »Theater-Szene« als Gemeinschaft der am Theater besonders interessierten Menschen sowie andere ›Szenen‹ in Musik, Kunst und Literatur, aber auch die Szene als kleinste Einheit eines Dramas oder Films oder die »köstliche Szene«, die einen erheiternden Vorgang oder Anblick meint. Angesichts der Vielfalt an Szenen kann man durchaus den Eindruck gewinnen, dass Inszenierungen einen bedeutenden Teil unseres Lebens ausmachen – oder dass sogar die ganze Welt eine einzige große Bühne ist.

Tabula rasa

Die Seele des Menschen als ein Guss aus Wachs, der in der Lage ist, die empfangenen Eindrücke aufzunehmen – das ist in der antiken Philosophie seit Platon (Theätet 191 e) ein beliebtes Bild. Die antiken Denker vergleichen hier die noch »unbeeindruckte« und daher formbare Seele mit einer Schreibtafel, in deren Wachsschicht man Buchstaben ritzte. Diese Wachstafeln waren im Alltag für alle möglichen Notizen gebräuchlich; die Römer nannten sie *tabulae* (›Tafel‹ ist ein deutsches Lehnwort davon). In der Philosophie des Mittelalters wurde das Bild von der Seele als Tafel mehrfach wieder aufgenommen; Thomas von Aquin bezeichnet sie als *tabula rasa et plana et polita*, als »glatte, ebene, saubere Tafel« (Über die Seele III 2, 17), und charakterisiert sie damit als empfänglich für Erkenntnisse. Freilich, nimmt man es genau, dann deutet *rasa* im Prinzip an, dass es sich nicht um eine »jungfräuliche«, zuvor noch nie verwendete Schreibtafel handelt. *Radere* bedeutet ›kratzen‹, ›glätten‹ und konkret in diesem Zusammenhang ›auskratzen‹, ›ausstreichen‹. Das in das Wachs Geschriebene wurde mit der breiteren Seite des *stilus* (›Schreibgriffel‹) gewissermaßen ausradiert.

Deshalb passt das Bild von der philosophischen *tabula rasa* nicht ganz exakt mit der sprichwörtlichen Bedeutung zusammen. *Tabula rasa* machen heißt ja ›reinen Tisch machen‹, ›einen kompletten Neuanfang wagen‹, ›gründlich Ordnung schaffen für einen Neuanfang‹. Die eigentliche Patenschaft über die Redeweise steht eher Ovid zu, dessen *tabellae rasae*, ›geglättete Täfelchen‹, die Humanisten zum Ausgangspunkt der Redewendung machten. Der Kontext ist nicht ohne Pikanterie. In seiner »Liebeskunst« (I 432) gibt Ovid auch Ratschläge zum klassischen Medium des Liebesbriefes als Überbringer der Flirt-Botschaft: »Wachs auf geglätteten Täfelchen soll erkunden, wie sicher der Weg ist.« Keine schlechte Idee, das Täfelchen vorher gründlich freizukratzen. Denn wer weiß, was da vorher so alles ins Wachs geritzt war – möglicherweise eine Nachricht, die die Empfängerin des Liebesbriefes dazu gebracht hätte, in der sich anbahnenden Beziehung *tabula rasa* zu machen, bevor sie überhaupt begonnen hatte …

Tantalusqualen

Die Liste seiner Vergehen und Verbrechen war lang, wenn auch nicht kanonisch. Sie füllte sich im Laufe der Jahrhunderte gewissermaßen auf, und ab und zu trat dann jemand auf den Plan, der die eine oder andere Untat bestritt. Dass Tantalos, der König von Sipylos in Phrygien, sich indes den Zorn der Götter zu Recht zugezogen hatte, konnte niemand leugnen. Die wesentlichen Anklagepunkte waren folgende: Er hatte als Sohn des Zeus Zutritt zur Tafel der Götter und missbrauchte ihr Vertrauen, indem er Nektar und Ambrosia stahl und die Götterspeise an die Menschen weitergab. Ferner plauderte er, der nächste Vertrauensbruch, Geheimnisse der Götter aus. Hinzu kam der Vorwurf, er sei am Diebstahl von Zeus' goldenem Hund beteiligt gewesen. Das schwerste Verbrechen aber bestand darin, dass er seinen Sohn Pelops zerstückelte und ihn den Göttern zum Mahl vorsetzte, um ihre Allwissenheit auf die Probe zu stellen.

Wie andere wegen ihrer Hybris exemplarisch verurteilte Herausforderer der Götter wurde Tantalos (lat. Tantalus) zu einer ewigen Strafe verurteilt. Im Wasser stehend, muss er unaufhörlich Durst leiden; denn jedes Mal, wenn er sich zum Trinken beugt, weicht das Wasser zurück. Über ihm hängen zudem Zweige mit saftigen Früchten. Sie schnellen jedoch, sobald er nach ihnen greift, zurück und lassen ihn weiter hungern. Ob er zusätzlich noch durch einen Felsbrocken über seinem Kopf wie durch ein steinernes Damokles-Schwert bedroht ist, wie ein Teil der Überlieferung berichtet, ist für die schreckliche Pein, die ihm die Unterwelt wahrhaft zur Hölle macht, unerheblich. Er leidet mit oder ohne Fels entsetzliche Qualen. Oder eben *Tantalusqualen*.

Titan

Die *Titanen* waren riesenhafte Söhne des Uranos (Himmel) und der Gaia (Erde). Sie galten als ausgesprochen ehrgeizig, ja machthungrig, und stellten ihre gewaltigen Kräfte ganz in den Dienst ihrer hochfliegenden Pläne. Ihr größtes Ziel erreichten sie indes nicht: Ihre Rebellion gegen Zeus wurde im Entscheidungskampf um die Weltherrschaft (Titanomachie) niedergeschlagen, die Titanen wurden daraufhin in die Unterwelt verbannt.

Rezeptionsgeschichtlich sind die Titanen erheblich schonender behandelt worden. Überragende Könner auf allen Gebieten – bis hin zum Fußballtorwart Oliver Kahn – werden respektvoll als »Titanen« adressiert; ›titanisch‹ ist ein weitgehend positiv konnotiertes Synonym zu ›riesig‹, ›gewaltig‹, und der »titanische Widerstandsgeist« drückt ebenfalls eine gewisse Sympathie für diese einstigen Himmelsstürmer (und ihre Nachfolger) aus. Das Element Titan geht ebenso auf die Riesen der Vorzeit zurück wie die gleichnamige amerikanische Trägerrakete. Dass Titanen freilich auch in der Moderne untergehen können, zeigt das Schicksal der *Titanic*.

Tragisch

Was wir einen *tragischen* Unglücksfall nennen, ist gar nicht so weit vom griechischen Ausgangsbegriff entfernt, jedenfalls nicht von der Definition des Aristoteles. Er sieht im Tragischen eine Kombination von Mitleid (*éleos*) und Furcht (*phóbos*) für uns selbst. Ein tragisches Geschehen dieser Art liegt vor, wenn es schicksalhaft bedingt ist und die Kategorien von Schuld und Unschuld nicht recht greifen. Das uns Erschütternde ist ein von einer höheren Macht verhängter, nicht in allen Details analysierbarer und rational erklärbarer Konflikt der Hauptperson.

Sprachgeschichtlich offenkundig waren bei der Prägung des Begriffs ›Tragödie‹ Böcke im Spiel. *Trágos* ist unstrittig der ›Bock‹ und *odé* ist ebenso unstrittig der ›Gesang‹. Ist die Tragödie damit ursprünglich der ›Gesang der Böcke‹ oder ist sie der »Gesang anlässlich eines Bocksopfers«? Die zweite Erklärung findet immer mehr Anhänger. Tatsächlich dürfte der vorliterarische Ursprung der Tragödie wohl in Opferhandlungen wurzeln, die sich mit dem Kult des Dionysos verbinden. Der Weingott war auch im klassischen Athen der »Empfänger« der literarischen »Opfergabe« der Tragödie. Sie wurde ihm an den Großen Dionysien überreicht, und zwar im 5. Jh. v. Chr. in Form eines dreitägigen Wettkampfes, in dem drei Dichter mit je vier Stücken antraten. Der Stoff der Tragödien entstammte dem Mythos. Der war indes aktualisierbar und konnte als allgemeines oder auf bestimmte politische Situationen applizierbares Erklärungsmodell dienen.

Wenn man den Schierlingsbecher des Sokrates als Negativposten in der im weitesten Sinne kulturellen Bilanz des demokratischen Athen verbucht, dann wird man fairerweise die – auch und gerade für das Publikum – schwierige Literaturgattung der Tragödie den Athenern als Aktivposten zugestehen. Da haben sich Tausende drei Tage lang, auf den harten steinernen Stufen des Theaters sitzend, betroffen machende Bühnenstücke angeschaut, die heutzutage kein Fernsehintendant in dieser Ausführlichkeit und »Einseitigkeit« seinen Zuschauern zuzumuten wagen würde.

Trauma

Wenn Homer davon berichtet, dass ein Krieger durch einen Pfeil, eine Lanze oder ein Schwert verwundet worden ist, dann spricht er von einem *traúma*. Der Begriff bezeichnet bei den Griechen eine ›Verletzung‹ oder ›Verwundung‹ in physischer Hinsicht. Im übertragenen Sinne kann er auch ›Verlust‹ oder ›Niederlage‹ bedeuten.

Heutzutage verwenden wir *Trauma* fast ausschließlich in Bezug auf psychische Verletzungen. Ein Trauma ist ein seelischer Schock, eine starke Erschütterung, die durch traumatisierende Erlebnisse und Erfahrungen ausgelöst wurde und lange nachwirkt. Mit seiner seit 2010 manifest gewordenen Finanzkrise hat das sprachliche Mutterland des Traumas im kollektiven Bewusstsein Europas die griechische ›Verletzung‹ und ›Verletzlichkeit‹ in der internationalen Finanzwelt verankert: Nicht wenige sprechen vom »Griechenland-Trauma«.

Tribunal

Nicht nur die Aussprache hat sich gegenüber dem römischen Ursprungswort *tribunal* verschoben, das nicht auf der letzten, sondern auf der vorletzten Silbe betont wurde; auch die Bedeutung hat sich gewandelt oder jedenfalls verengt. Unter einem *Tribunal* verstehen wir heute einen hohen Gerichtshof wie beispielsweise das UN-Kriegsverbrechertribunal in Den Haag. In den juristischen Bereich fällt auch die Redewendung »ein Tribunal veranstalten« – auch wenn solche Veranstaltungen oft den Beigeschmack der Selbstjustiz haben.

Im alten Rom war das *tribunal* der Hochsitz von Beamten, ein etwa ein Meter hohes Holzgestell, auf das einige Stufen hinaufführten. Dort nahm der Magistrat seine Amtshandlungen vor. Man könnte also von einem Amtssitz im eigentlichen

Sinne sprechen. Die erhöhte Position wurde sicher auch als Visualisierung magistratischer Amtsgewalt empfunden; sie flößte Respekt ein und war gewissermaßen unübersehbar. Das *tribunal* stand gewöhnlich auf dem Forum Romanum unter freiem Himmel oder überdacht in einer Basilica. Alle hohen Beamten verfügten über ein *tribunal*, mithin auch die Prätoren, die in der Republik für die Rechtsprechung zuständig waren. Wurden sie amtlich tätig, so hatte das *tribunal* natürlich die Bedeutung ›Richterstuhl‹ – ebenso wie bei den kaiserzeitlichen Vorsitzenden der Gerichtshöfe.

Das Privileg des *tribunal* beschränkte sich nicht auf die zivilen Beamten. Auch Feldherren hatten im Lager vor dem *praetorium*, ihrem Hauptquartier, ein *tribunal* zur Verfügung. Von dort hielten sie Ansprachen, nahmen Ehrungen vor oder erteilten ihre Befehle. Auf Münzen werden auch Kaiser häufig zusammen mit Hilfspersonal auf dem *tribunal* abgebildet, nicht selten in einer hoheitlichen Funktion, die beim Volk besonders gut ankam: wenn sie Geldgeschenke verteilten oder Schuldenerlasse unterzeichneten.

Tribut

Wer seinem Alter *Tribut* zollen muss, zahlt gewissermaßen eine Steuer auf seine Lebensjahre. Das römische Ursprungswort ist *tributum*, das ›Zugeteilte‹, die ›auferlegte‹ Leistung. Und die konkretisierte sich in der Steuer, die man »zugeteilt« bekam. Römischen Vollbürgern wurden in der Regel keine direkten Steuern abverlangt. Eine regelmäßig erhobene Lohn- oder Einkommenssteuer hätten sie als Kopfsteuer eines freien Bürgers für unwürdig erachtet. *Tributa* wurden daher nur als einprozentige Vermögenssteuer oder als außerordentliche Abgaben für Kriegszwecke erhoben – und häufig nach erfolgreichem Ende des Feldzugs aus der Beute zurückgezahlt.

Anders sah es bei der Bevölkerung in den Provinzen aus. Da grundsätzlich das römische Volk als Eigentümer des eroberten Gebietes galt, wurde den Provinzialen für die Nutzung des Landes eine meist zehnprozentige ›Bodensteuer‹ (*tributum soli*) abverlangt. In manchen Provinzen wurde eine vom Zensus des Steuerpflichtigen unabhängige ›Kopfsteuer‹ erhoben (*tributum capitis*). Während in der Zeit der Republik private Steuererhebungsgesellschaften, die das einschlägige Recht per Pachtvertrag vom Staat erworben hatten, bei den Provinzbewohnern für große Erbitterung sorgten, herrschte in den ersten Jahrhunderten der Kaiserzeit deutlich weniger Willkür, weil vielfach die Gemeinden die Steuern einzogen und außerdem allmählich eine kaiserliche Steuerbehörde aufgebaut wurde. Wenn sich freilich erhebliche Deckungslücken im Etat auftaten, verfuhr der römische Staat ähnlich wie der moderne: Er erhöhte die Steuern durch – grundsätzlich befristete – *indictiones*, die auf das reguläre *tributum* aufgeschlagen wurden. Man sieht: Die Idee des »Solidarzuschlages« oder ähnlicher Steuerzuschläge ist keine Erfindung der Neuzeit.

Triumph

Wer einen *Triumph* oder sogar Triumphe feiert, der hat großen oder größten Erfolg. Das hat er gemeinsam mit einem römischen Feldherrn, dem vom Senat ein *triumphus* zugestanden worden war. Das war das Größte im Leben eines römischen Heerführers, die höchste Anerkennung für einen militärischen Sieg. Blutige Voraussetzung für einen Triumph war, dass mindestens 5000 Feinde ihr Leben verloren hatten. Ansonsten war nur die *ovatio*, der »kleine Triumph«, zulässig, an den noch unsere »Ovationen« und *standing ovations* im Theater, Stadion oder Konzertsaal erinnern. Wie sehr der Triumph Ausnahmecharakter hatte, zeigt sich auch an der Tatsache, dass nur bei dieser Gelegenheit bewaffnete Soldaten im ansonsten strikt »entmilitarisierten« Rom auftreten durften.

Unter Jubelrufen zog der Triumphzug mit Soldaten, Beamten, Gefangenen, Schautafeln und Gestellen mit den kostbarsten Beutestücken stundenlang durch das Zentrum Roms. Die Kulisse war prächtig: Nach modernen Schätzungen säumten bis zu 400000 Menschen den Weg, den die eindrucksvolle Machtprozession zurücklegte. Endpunkt war der große Jupitertempel auf dem Kapitol; dort brachte der Triumphator dem höchsten Gott ein Opfer, das auch der Entsühnung diente. Der Feldherr selbst trug an diesem Tage, auf einer Quadriga stehend, den alten Königsornat mit golddurchwirktem Purpurgewand, Elfenbeinszepter und Lorbeerkranz, über dem ein Sklave eine schwere Goldkrone hielt. Um den Neid der launischen Fortuna abzuwehren, aber auch um den Triumphator vor Hybris zu schützen, ermahnte ihn der Sklave in regelmäßigen Abständen daran, dass er ein Mensch sei. Die Spottlieder und Schmährufe seiner Soldaten auf ihn taten ein Übriges, um den Feldherrn daran zu erinnern.

Die Römer waren Augenmenschen – und das nahmen die Organisatoren der Triumphzüge ernst. *Triumphi* waren perfekt in Szene gesetzte Shows, die sich durchaus mit amerikanischen Konfetti-Paraden vergleichen lassen. Sie boten etwas fürs Auge und führten den Passanten eindringlich vor, warum es sich lohnte, für die Größe Roms notfalls auch den Kopf hinzuhalten. Triumphzüge waren auch ins Bild gesetzte Leistungsbilanzen der römischen Oberschicht, die damit ihre Stellung legitimierte. Welch intensives Siegesgefühl der altrömische *triumphus* vermittelte, lässt noch unser heutiger Sprachgebrauch erkennen. *So* schnell sprechen wir nicht von einem ›Triumph‹, sondern nur dann, wenn wir eine ganz außergewöhnliche Überlegenheit zum Ausdruck bringen wollen.

Der stolze Triumph hat indes im Deutschen noch einen kleinen Lehnwortbruder. Der kommt nicht nur, aber vor allem beim Kartenspiel zum Einsatz: Auch der »Trumpf« ist ein *triumphus*.

Trivial

Sie gehörten gewiss nicht zum römischen Götter-Olymp, aber sie waren anerkannte und kultisch respektierte Gottheiten: Die »guten Geister« der Kreuzungen, die je nach Anzahl der aufeinander stoßenden Straßen als Biviae, Triviae und Quadriviae verehrt wurden. An dieser Stelle ist nur die Trivia als eine weibliche Gottheit zu berücksichtigen, deren Kapellen an Kreuzungen von *tres viae*, ›drei Straßen‹, zu stehen pflegten.

Trotz ihres kultischen Charakters erfreute sich die Dreiwege-Gabelung keines hohen Prestiges. Eher war das Gegenteil der Fall. Das Adjektiv *trivialis* bezeichnete etwas allgemein Zugängliches und damit auch ›Gewöhnliches‹ und ›Gemeines‹; ein *maledictum ex trivio* war ›ein Schimpfwort von der Gosse‹. Es ist also gut möglich, dass das deutsche *trivial* in der direkten Nachfolge des abschätzig verwendeten lateinischen Begriffs steht: Als triviales Zeug bezeichnen wir etwas, das man gewissermaßen an jeder x-beliebigen Ecke zu hören bekommt.

Eine zweite Erklärung setzt bei den *septem artes liberales* des Mittelalters an, den ›sieben freien Künsten‹. Diese akademische Ausbildung gliederte sich in zwei Phasen, die aufeinander folgten: Das *trivium*, der ›Dreiweg‹ oder das Grundstudium mit Grammatik, Rhetorik und Logik, und das Quadrivium, das ›vierwegige‹ Hauptstudium mit Arithmetik, Geometrie, Musiktheorie und Astronomie. Der erste Studienabschnitt führte zum *baccalaureus*, ›Bachelor‹, der zweite zum *magister*, ›Master‹. Wer den ›Master‹ vor Augen hatte, mochte auf den Stoff seines Studienanfangs mit einer gewissen Geringschätzung und Überheblichkeit zurückblicken. »Kinderleichte«, »für jedermann zu kapierende«, »seichte« Lernmaterie – auf jeden Fall aber die Voraussetzung für die »Höheren Weihen« des Quadrivium. Mag sein, dass sich das moderne ›trivial‹ aus *dieser* kulturgeschichtlichen Quelle speist. Bliebe nur zu fragen, ob man Grammatik, Rhetorik und Logik wirklich als Trivialitäten abtun kann.

Trojanisches Pferd

Intus, intus, inquam, est equus Troianus, »drinnen, schon drinnen, sage ich, ist das Trojanische Pferd!« Der Alarmruf stammt nicht, wie man, einzig irritiert durch das lateinische Idiom, vermuten könnte, aus Troja, sondern aus Rom. Cicero war es, der seine Landsleute vor der Verschwörung Catilinas warnen wollte. Das doppelte *intus* zeigt das Höchstmaß der Bedrohung an: Der Feind ist schon unter uns, schon hier in der Stadt! (Rede für Murena 78).

Auch in anderen Zusammenhängen benutzt Cicero das Bild vom *Trojanischen Pferd* mit großer Selbstverständlichkeit – ein klares Indiz dafür, dass es schon zu seiner Zeit (1. Jh. v. Chr.) eine etablierte Metapher war. Ähnlich wie das Danaergeschenk ist das Trojanische Pferd ein anschauliches Sinnbild für eine unheilvolle List, die die scheinbar Beschenkten in eine unangenehme, ja extrem gefährliche Situation führen kann. Es gilt, ein Trojanisches Pferd als solches zu erkennen und es weit auf Abstand zu halten.

Das »historische« oder besser mythohistorische trojanische Urpferd war das von den Griechen vor dem belagerten Troja abgestellte. Als Geschenk für die Götter getarnt, wurde die hölzerne Konstruktion am Strand zurückgelassen. Die Griechen taten so, als führen sie nach zehnjähriger vergeblicher Belagerung der kleinasiatischen Feste mit ihren Schiffen ab. Eine der berühmtesten Kriegslisten der Welt-»Geschichte« – und eine erfolgreiche zudem. Denn die Trojaner entschlossen sich, das Pferd trotz eindringlicher Warnungen Kassandras in ihre Stadt zu ziehen. In der nächsten Nacht entstiegen die darin versteckten Krieger dem Pferd, öffneten ihren Kameraden die Stadttore und eroberten mit ihnen zusammen die Festung. Troja wurde zur Beute des Trojanischen Pferdes.

Der Mythos ist so präsent wie kaum ein zweiter aus der Antike. Kein Wunder, dass er selbst in die nüchterne IT-Welt Einlass gefunden hat. Unter einem »Trojanischen Pferd« versteht man dort ein Computerprogramm, das, als nützliche Anwendung getarnt, in einen fremden Rechner gelangt und dort heimlich ein Schadprogramm installiert. Insider der IT-Zunft sprechen – ist ja auch kürzer! – lieber vom »Trojaner«. Und da geht es mit der klassischen Scheinbildung dann doch schief: Denn auf diese Weise wird das mythische Opfer zum modernen Täter. Wenn schon, dann müsste man die schädlichen Invasoren »Griechen« nennen.

Trophäe

Sieger und Sammler machen Jagd auf *Trophäen* und dokumentieren damit stolz ihre Erfolge. Nicht alle Trophäen mögen hohen ästhetischen oder moralischen Ansprüchen genügen, aber das nimmt, wer sie als Siegespokale oder Beutestücke ergattert hat, gern in Kauf. *Trópaia* waren auch bei den Griechen visualisierte und haptische Siege – zunächst eine Zusammenstellung erbeuteter Waffen, die noch auf dem Schlachtfeld an einen Baum oder Pfahl gehängt wurden und die man auf diese Weise sehen und anfassen konnte, später dann auch Gedenksteine mit Inschriften und Siegesmonumente unterschiedlichster Art. Die Römer übernahmen das griechische *trópaion* als *tropaeum*. In der Spätantike kam das aspirierende ›h‹ hinzu und ließ das Wort zum *trophaeum* werden.

Das ›ph‹ deutet also ausnahmsweise nicht auf den griechischen Ursprung des Wortes hin.

Natürlich war auch die römische Oberschicht für »materialisierte« Siegesdenkmäler aufgeschlossen, dokumentierten sie doch auch und gerade die Erfolge der in der Regel adligen Führungspersönlichkeiten. Als innovative römische *tropaeum*-Formen sind der Triumphbogen sowie die berühmten reliefierten Siegessäulen Trajans und Marc Aurels zu nennen. Sprachlich erinnern all diese Trophäen an den Ort, an dem der Feind kehrtgemacht hat: griechisch *tropé* ist das Substantiv zu *trépein,* ›drehen‹, und bezeichnet die ›Umkehr‹ oder ›Wende‹. Es wäre vermutlich zu missverständlich, würde man die Berliner Siegessäule und das dem Vorbild des römischen Triumphbogens verpflichtete Brandenburger Tor durch ein Wende-*trópaion* ergänzen.

Tusculum

Ein Refugium, an dem man sich weit entfernt von der Hektik des städtischen Alltags anspruchsvoller Muße hingeben kann, in der Regel ein ländliches Domizil, das man sich zum Lieblingsaufenthalt erkoren hat – das nennen auch heute noch einige Menschen ihr *Tusculum*, auch wenn der Duden den Begriff als »bildungssprachlich veraltet« einstuft. Tusculum war eine Landstadt südöstlich von Rom in den Albaner Bergen, unweit des heute bekannten Weinortes Frascati gelegen. Dort besaßen zahlreiche gutsituierte Römer ein Landhaus, in das sie sich zur Erholung oder Sommerfrische zurückzogen. Auch Cicero nannte dort ein Landgut sein eigen, das Tusculanum. Wie sehr es ihm am Herzen lag, geht aus einem Brief an seinen Vertrauten Atticus hervor: »Ich habe an meinem Tusculanum solche Freude, dass ich erst dann mit mir selbst im Reinen bin, wenn ich mich dort aufhalte« (I 6, 2).

Für Cicero waren diese – z. T. durch politische Kaltstellung erzwungenen – Tage und Wochen in Tusculum ein Quell geistiger Rekreation und Inspiration; nicht ohne Grund wählt er diese Villa als Schauplatz für seine Schrift »Gespräche in Tusculum«, ein grundlegendes dialogisches Werk über griechische Philosophie. Das einzige, das die schöne, erbauliche Tusculum-Metapher etwas abwertet, ist die Tatsache, dass sie eigentlich Tusculanum statt Tusculum heißen sollte – der Landsitz statt des Ortes.

Tyrann

Mild und maßvoll, menschen- und volksfreundlich, friedfertig und gerecht – Eigenschaften, die zu einem *Tyrannen* so gar nicht zu passen scheinen. Und doch wird der im 6. Jh. v. Chr. in Athen herrschende Tyrann Peisistratos von Aristoteles so charakterisiert – und der steht nicht im Verdacht, ein Tyrannenfreund gewesen zu sein. Es habe sogar nicht wenige Menschen gegeben, fügt Aristoteles hinzu, die die Regierungszeit des Peisistratos als Wiederkehr des Goldenen Zeitalters angesehen hätten.

Das alles erscheint völlig unvereinbar mit dem heutigen Image eines Tyrannen. Darunter verstehen wir einen Despoten und Autokrator, dessen Herrschaft sich durch Willkür und Unterdrückung aller politischen Partizipationsrechte auszeichnet, nicht selten zusätzlich durch Gewalt, Brutalität und Menschenverachtung, selbst wenn es nur einen »Haustyrannen« oder einen »Betriebstyrannen« betrifft.

Was Aristoteles über Peisistratos sagt, überliefern andere Quellen zu anderen Herrschern der sog. Älteren Tyrannis (Mitte 7. bis Ende 6. Jh. v. Chr.) in vergleichbarer Weise. Diese Nachrichten entsprechen vielfach nicht dem Bild des abgrundtief schlechten Tyrannen späterer Zeiten. Nicht selten konnte sich der Tyrann sogar auf das Volk stützen; seine eigentlichen Gegner waren seine aristokratischen Standesgenossen, die er mit seiner Alleinherrschaft entmachtet hatte. Im Übergang von der Adelsgesellschaft zu den demokratischen oder oligarchischen Verfassungen der klassischen Zeit wirkte die Tyrannis vielfach wie eine Art Katalysator; durch sie wurden neue soziale Strukturen geschaffen.

Allerdings trifft auch auf die »gute« Ältere Tyrannis zu, dass der Tyrann ein Usurpator war, der sich zur Macht geputscht hatte und diese Macht mit militärischen Mitteln behauptete. Mangelnde Legitimität war auch damals schon ein Merkmal tyrannischer Herrschaft. Das lässt auch die Etymologie des Begriffs erkennen: *týrannos* ist vermutlich eine Entlehnung aus dem Lydischen; das »Basiswort« *turan* bedeutet ›Herr‹.

Das anfangs weitgehend positive Tyrannis-Bild bekam in der zweiten Hälfte des 5. Jh.s v. Chr. deutliche Risse. Die Erfahrung der »Dreißig Tyrannen«, einer oligarchischen Clique, die Athen von 404 bis 403 v. Chr. mit harter Hand regierte, war für Platon und manche anderen Intellektuellen prägend. In der staatstheoretischen Literatur wurde die Tyrannis nunmehr zum verfassungsgeschichtlichen Typus des entarteten Königtums. Es setzte sich immer stärker ein Negativimage durch, das den Tyrannen als gewalttätig, habgierig und empfänglich für Schmeicheleien seiner Höflinge zeichnet – auch wenn die geschichtliche Realität des 5. Jh.s v. Chr. das z. B. für die sizilische Tyrannis nicht unbedingt bestätigte. Als Zerr- und Gegenbild des von vielen Staatsphilosophen positiv beurteilten Monarchen verlor der Tyrann kontinuierlich und auf Dauer an Ansehen. Cicero und andere römische Denker reihten sich in diese geistige Tradition ein, wenngleich sie dem Königtum skeptisch gegenüberstanden: *rex*, ›König‹, war bei den Römern ein Synonym für *tyrannus*.

Das Tyrannenbild des Mittelalters und der Neuzeit wurde

weitgehend durch die klassische Staatsphilosophie der Antike geprägt. Gegen *diese* Tyrannei der Rezeption war die historisch differenzierende Analyse machtlos. Bis heute ist der Tyrann deshalb »der Böse«.

Urban

Auch wenn manche römische Intellektuelle ein Loblied auf die Natürlichkeit und Schlichtheit des Landlebens anstimmten und das mühsame Dasein auf dem Lande idealisierten – wenn es zum Schwur kam, zogen sie für sich selbst, von Sommerfrischen und ländlichen Mußetagen abgesehen, das Leben in der Stadt allemal vor. Die *urbs* war dem *rus* (›Land‹) zivilisatorisch haushoch überlegen, und so bekam das zunächst nur beschreibende Adjektiv *urbanus* (›städtisch‹) jenen positiv wertenden Charakter, den noch heute *urban* und *Urbanität* ausstrahlen: »fein, weltgewandt, gebildet, geistreich«. Ein *urbanissimus homo* ist ein Mensch voller Esprit und Kultiviertheit – das genaue Gegenteil zum *rusticus*, dem ›Landbewohner‹, auf den viele Städter herabschauten. Er galt als ungeschliffen, ungebildet und sprachlich schwerfällig. *Rus* wurde ab und zu als Schimpfwort gebraucht im Sinne von ›Bauerntölpel‹, ›Bauer‹: Angesichts des enormen Stadt-Land-Gefälles in der Antike überrascht das Überlegenheitsgefühl des Stadtbewohners kaum.

Als Gegenbegriff zu ›urban‹ verwenden wir noch heute häufig ›rustikal‹. Ein Adjektiv mit ambivalenter Bedeutung: Während eine rustikale Einrichtung Liebhaber von Bauernmöbeln und bestimmten »bürgerlichen« Lokalen erfreut, wird eine rustikale Spielweise im Fußball deutlich weniger goutiert. Da geht es mit Fouls ziemlich plump zur Sache. Auf die Idee allerdings, irgendwo in der Welt des Fußballs auf Urbanität zu stoßen, sind noch nicht einmal »Fußball-Ästheten« gekommen.

Veto

»Na gut«, wandte sich der Volkstribun Sextius kämpferisch an die Patrizier, »da es euch so gut gefällt, dass der Einspruch seine Macht erweist ..., werden wir mit der gleichen Waffe die Plebs verteidigen. Ich werde dafür sorgen, dass ihr an diesem Wort VETO keine Freude mehr habt!« (Livius VI 35, 9). Fortan werde er das »Zauberwort« *veto*, ›ich verbiete‹, ausgiebig in Anspruch nehmen.

Ob das *veto* die übliche Formel eines Volkstribunen war, um einen Beamten an der Ausübung einer Amtshandlung zu hindern, steht dahin. Den Begriff »Vetorecht« kannten die Römer jedenfalls noch nicht, wohl aber den Terminus *ius intercedendi*, ›das Recht, dazwischenzutreten‹ – im ursprünglichen Sinne die physische Intervention des Volkstribunen, wenn er sich zwischen seinen plebejischen Schützling und einen Magistrat stellte. Die Plebejer erkämpften sich dieses Hilferecht ihrer Vertreter im Laufe der Ständekämpfe (5./4. Jh. v. Chr.); es kam aber nur dann zum Tragen, wenn kein anderer Volkstribun seinerseits gegen das Veto seines Kollegen sein eigenes Veto einlegte. Neben dem Interzessionsrecht der Volkstribunen gab es auch eines, das dem höherrangigen Magistrat gegenüber dem Träger einer niederen Amtsgewalt zustand. Und selbst gegenüber einem gleichrangigen Kollegen konnte man sein Veto einlegen.

Heutzutage unterscheidet man im Staatsrecht zwischen einem absoluten Vetorecht, durch das eine Entscheidung definitiv aufgehoben ist, und einem suspensiven Vetorecht, durch das Beschlüsse in ihrer Wirksamkeit aufgeschoben werden können. Auch wenn die römische Verfassung das bedingte Vetorecht formal nicht kannte, darf man annehmen, dass die Androhung eines Nein in vielen Fällen einem suspensiven Veto gleichkam. Wie sich denn überhaupt das Vetorecht harscher anhört, als es in der Praxis war: Allein durch seine Existenz forderte es zum Kompromiss auf.

Villa

Gefragt, wo sie auf *Villen* stoßen, dürften die meisten Menschen wohl antworten: In der Stadt. Villen gelten als repräsentative Wohnhäuser von Fabrikanten und Großbürgern. Auf dem Land werden sie nur selten verortet.

Eben dort aber liegt der historische Ursprung der Villa. Die *villa* (übrigens mit lang gesprochenem ›i‹) war der häufig luxuriös gestaltete Wohnpalast von Oberschicht-Angehörigen auf dem Lande, ein Ferien- oder Sommersitz in den Bergen oder am Meer, manchmal ein landwirtschaftlicher Gutsbetrieb mit prächtigem Herrenhaus, öfters aber ein herrschaftliches Domizil, das als Leuchtturm urbaner Kultiviertheit inmitten ländlicher Schlichtheit und Natürlichkeit aufragte, eine gelungene Symbiose von Kultur und Natur. Die Umgebung blieb ländlich, friedlich und beschaulich, die *villa* dagegen zeichnete sich durch zivilisatorische Raffinesse, gepflegte Parks und Statuenpracht aus. Der verwöhnte Großstädter brauchte hier auf keinen Komfort zu verzichten – und war doch nur wenige Schritte von der mehr oder minder ungezähmten Natur entfernt.

Daneben gab es die *villa rustica*, einen Landwirtschaftsbetrieb mit ausgedehntem Grundbesitz, der vorrangig oder ausschließlich der agrarischen Produktion diente. An diese *villae* erinnern vielfach noch Ortsnamen auf -weiler, -wil und -ville. Wohl dem, der in einem dieser Orte ein herrschaftliches Domizil sein eigen nennt – er lebt gewissermaßen in einer doppelten römischen Tradition.

Volkstribun

Volkstribunen (lat. *tribuni plebis*) vertraten das Interesse des Volkes (Plebs) gegen die mitunter als Willkür empfundene

Macht des Patrizier-Adels. Die Plebejer als Teil-Volk wählten sich diese Repräsentanten, die lange Zeit über keine legitimen Beamten waren, sondern bis zum Jahre 287 v. Chr. einen Sonderstatus hatten, weil ihr Mandat sich nicht aus einem Auftrag des Gesamtvolkes ableitete. Der Kampf der Plebs um politische Mitsprache (die »Ständekämpfe« zwischen dem 5. Jh. und dem frühen 3. Jh. v. Chr.) wurde wesentlich durch die Volkstribunen vorangetrieben. Um sie als Vertreter der plebejischen »Protestbewegung« gegen Benachteiligung oder Verhaftung zu schützen, sicherte die Plebs ihnen *sacrosanctitas*, ›Unverletzlichkeit‹, zu. Die anfangs zwei Volkstribunen festigten im Laufe der Zeit ihre Stellung auch durch das »Vetorecht« gegenüber allen Amtshandlungen der offiziellen Magistrate. Allerdings wurde diese potentielle Obstruktionsstrategie dadurch eingeschränkt, dass alle – später zehn! – Volkstribunen einer Meinung sein mussten.

In der späten Republik war das Volkstribunat für ehrgeizige Politiker ein wichtiges Sprungbrett zur Macht. Tiberius und Gaius Gracchus, die als Volkstribunen einschneidende soziale Reformen durchsetzen wollten, scheiterten (133 bzw. 123 v. Chr.). Sie galten vielen konservativen Vertretern der »Senatspartei« als Aufrührer und Exponenten demagogischer Politik. Kraft ihrer Redegewalt wurden sie von ihren innenpolitischen Gegnern als gefährliche Kontrahenten eingeschätzt, die das Volk gegen den Senat aufzuhetzen schienen. Ein Gutteil des Negativ-Images des Volkstribunats speist sich aus den historischen Erfahrungen mit den Gracchen und anderen wortmächtigen »radikalen« Volkstribunen. In der Kaiserzeit wurde das Volkstribunat zum wichtigen Bestandteil herrscherlicher Macht: In seinem Selbstverständnis war der Kaiser *patronus plebis*, ›Schutzherr des Volkes‹. Da schien es konsequent, dass er auch auf Dauer Volkstribun war – und ihn die traditionelle Unverletzlichkeit des Amtes zumindest theoretisch vor Attentaten schützte. Spätestens durch diese faktische Personalunion mit dem höchsten Machthaber war jeder revolutionäre Impetus des Volkstribunats dahin.

Wenn ein Politiker heute als ›Volkstribun‹ bezeichnet wird, so verfügt er in aller Regel über eine besondere rhetorische Begabung. Er versteht es, die Menschen mitzureißen, und er schlägt sich zumindest in seinen Reden auf die Seite des »Volkes« – ein »volksverbundener«, die Interessen der kleinen Leute (vorgeblich) vertretender »Rebell« gegen das politische Establishment. Wie ehrlich er es meint, steht dahin. Als Methode persönlichen Machterwerbs ist die Volkstribun-Attitüde jedenfalls weit über 2000 Jahre alt.

Vulkan

Volcanus oder Vulcanus war bei den Römern der Gott des Feuers – auch und gerade des zerstörerischen Feuers, den es nach Möglichkeit zu besänftigen galt. Sein Hauptfest, die Volcanalia, wurde am 13. August gefeiert. Die Identifikation mit dem griechischen Hephaistos trug Vulcan auf bildlichen Darstellungen Attribute wie Amboss und Hammer ein, doch lässt sich seine spezifische »Zuständigkeit« für Schmiede nicht eindeutig nachweisen.

Dass man Vulcanus mit dem Naturphänomen feuerspeiender Berge in Verbindung brachte, zeigt der lateinische Name der Liparischen Inseln. Die Inselgruppe nördlich von Sizilien wird als *insulae Vulcani* bezeichnet, die südlichste von ihnen als *insula Vulcani* in besonderer Weise als Sitz des Feuergottes gedeutet. Von dieser kleinen Insel, die noch heute Vulcano heißt, leitet sich der moderne Begriff des *Vulkans* ab, also nicht direkt vom Feuergott Vulcanus. Will man das, was wir unter einem ›Vulkan‹ verstehen, ins Lateinische übersetzen, so muss man den Begriff als *mons flammas eructans*, ›flammenspeiender Berg‹, oder ähnlich umschreiben. Als geologische Erscheinung war der Vulkan bei den Römern als Vulcanus nicht bekannt; und auch im Griechischen gibt es dafür keinen prägnanten Begriff.

Xanthippe

Will man den Charakter einer zänkischen, übellaunigen Ehefrau, die ihrem Mann das Leben zur Hölle macht, nicht direkt beim Namen nennen, so kann man klassisch-vornehm von einer »wahren *Xanthippe*« sprechen. Dann wusste früher jeder Bescheid, heute ist die Metapher nicht mehr unbedingt als bekannt vorauszusetzen. Ob das am Niedergang der humanistischen Bildung oder am Aufstieg der *Gender*-Diskussion liegt, die mit frauenfeindlichen Vorurteilen und Klischees aufräumt, und wie dieser Befund, dass ›Xanthippe‹ immer stärker aus dem Sprachgebrauch verschwindet, zu bewerten ist, das alles ist sekundär gegenüber der Feststellung, dass das Schimpfwort ›Xanthippe‹ nichts über die historische Xanthippe aussagt. Xanthippe war die Frau des Sokrates, die mindestens einen Sohn mit ihm gemeinsam hatte. Weiteres historisch gesichertes Wissen gibt es über sie nicht. Der Rest ist Legende.

Der »Mythos« Xanthippe nimmt seinen Ausgangspunkt bei zwei Zitaten in Werken des Sokrates-Schülers Xenophon. In den »Memorabilien« (II 2) äußert sich ihr Sohn Lampokles abfällig über seine »schwierige« Mutter, während Sokrates Xanthippe in Schutz nimmt. Im »Symposion« (II 10) konstatiert ein Gast, Xanthippe sei die »unerträglichste Frau in Gegenwart, Vergangenheit und Zukunft«. Warum Sokrates sie nicht zu »ordentlichem« Verhalten erziehe? Der antwortet schlagfertig, er trainiere sich gleichsam an ihrer Unleidlichkeit ab. So komme er besser mit anderen Menschen aus.

Vielleicht lag diesem »Bonmot« ein augenzwinkernder Witz des Sokrates zugrunde; mehr aber wohl kaum. Aber damit war der Hausdrachen Xanthippe geboren, der in den nächsten Jahrhunderten immer weiter zum Prototyp der »bösen« Ehefrau stilisiert wurde. Das Strickmuster der meisten erfundenen Anekdoten ist klar zu erkennen: Je unerträglicher Xanthippe gezeichnet wird, umso heller leuchtet der Stern des beherrschten, in sich selbst ruhenden Weisen – oder eines Ehemannes, dessen geistige Überlegenheit sich in witzigen, scharfzüngigen Repliken erweist. Die unerträglich-zänkische Xanthippe wird als klischeehafter Gegenpart und Stichwortgeber des großen Philosophen instrumentalisiert. Nach einer drastischen Gardinenpredigt kippt sie ihrem Mann das Spülwasser über den Kopf. Und Sokrates reagiert mit abgeklärt-ironischer Spontaneität: »Ich wusste ja, nach dem Donnerwetter musste der Regen kommen …«

Die Diffamierung der historischen Xanthippe erreichte schon in der Antike bemerkenswerte Ausmaße. So recht aber nahm die frauenfeindliche Legende seit der Renaissance Fahrt auf: Xanthippe wurde zum sprichwörtlichen Inbegriff der keifenden, unzufriedenen Ehefrau, die ihren Gatten unablässig schikaniert, ja terrorisiert. Ein Studentenlied um 1900 greift dieses Negativimage fast schon in einer die Legende karikierenden Weise auf: »Xanthippe war ein böses Weib, die haute ihn zum Zeitvertreib.«

Und heute? Da wird – vorausgesetzt, man kennt Xanthippe noch – der Spieß auch einmal umgedreht und gefragt, wie viel Verantwortung der »Herumtreiber« und notorische »Arbeitsverweigerer« Sokrates denn wohl daran trage, dass Xanthippe so unleidlich und frustriert ist. Und so mutiert sie hier und da geradezu zum Symbol weiblicher Selbstbehauptung und emanzipatorischer »Aufsässigkeit«. Die Damen einer Frauenbuchhandlung in Mannheim werden sich schon etwas dabei gedacht haben, als sie ihren Laden auf den Namen »Xanthippe« tauften.

Zensur

»Eine *Zensur* findet nicht statt«, sagt das Grundgesetz der Bundesrepublik Deutschland in Artikel 5 lapidar und garantiert damit die freie Meinungsäußerung. Im Sinne einer institutionalisierten Einrichtung, die überprüft hätte (lat. *censura* ›Überprüfung‹), was öffentlich geäußert werden durfte, gab es auch im alten Rom keine Zensur. Das bedeutet nicht, dass nicht ab und zu missliebige, als subversiv beurteilte Publizisten mit einem Publikationsverbot oder der Verbannung bestraft worden wären. Republikanisch gesinnte Historiker hatten es im 1. Jh. n. Chr. schwer; über ihnen schwebte der relativ willkürlich ausgelegte Vorwurf der *laesa maiestas* (›Majestätsbeleidigung‹). Die Kaiser des 2. Jh.s waren im Ganzen toleranter; die ebenso fragwürdige wie schwer kontrollierbare Wahrsager-Zunft musste allerdings auch in dieser Zeit immer wieder einmal mit einer »Zensur«-bedingten Ausweisungsverfügung aus Rom rechnen.

In einer anderen Hinsicht fand die Zensur dagegen in Rom mit großer Regelmäßigkeit statt. Das gleichnamige Amt (*censura*) gab es seit dem 5. Jh. v. Chr. Seit 312 v. Chr. übten die beiden *censores* auch die Sittenaufsicht über die Senatoren aus. Unsittlicher Lebenswandel konnte mit dem Hinauswurf aus dem Senat geahndet werden. Bei der wichtigsten Kontrollfunktion der Zensoren lässt sich dagegen eine deutliche Parallele zur Moderne erkennen, auch wenn wir diese Behörde anders nennen. Bei uns heißt sie Finanzamt. Zu den Aufgaben der Zensoren gehörten die Feststellung des steuerpflichtigen Vermögens und die Zuweisung aller Römer zu den Zensus-Klassen. Um das ermitteln zu können, konnten die römischen *censores* vom Steuerpflichtigen alle Selbstauskünfte bis weit in sein Privatleben hinein verlangen.

Die Beurteilung des Lebenswandels vor allem der Senatoren war natürlich eine Art moralischer Zensurengebung, in gewisser Weise den in der modernen Pädagogik umstrittenen »Kopfnoten« vergleichbar. In der Kopf-»Note« steckt sogar noch die Negativ-Zensur römischer Zensoren. Die hieß nämlich *nota censoria*, »zensorische Rüge«, »tadelnde Anmerkung der Zensoren«, und bedeutete für den so Gerügten eine gesellschaftliche Demütigung, wenn nicht sogar das gesellschaftliche Aus – ein echter Schandfleck auf seiner Lebensweste, der sich flugs herumsprach.

Wenn wir heute von Schul-»Noten« sprechen, knüpfen wir sprachlich an die *nota* der Zensoren an. Deren Skala begann aber im Grunde erst bei ›5‹ und endete bei ›6‹; positive Zensuren wurden nicht vergeben. Da hat die moderne Schule mit ihrem Notenspektrum von ›1‹ bis ›6‹ der römischen *censura* doch ein erhebliches Motivationspotential voraus. Ob das auch im Vergleich mit dem römischen Schulwesen zutrifft, bleibt dagegen in diesem Punkt angesichts der vieldiskutierten grundsätzlichen Fragwürdigkeit von Schulnoten offen: Die römischen Schulmeister gaben keine Zensuren.

Zerberus

Kerberos/*Zerberus* war in der griechisch-römischen Mythologie der abschreckend gezeichnete Hüter der Unterwelt, ein Höllenhund mit wahlweise 3, 50 oder gar 100 Köpfen, einem Schlangenschwanz und Schlangen im Genick und auf dem Rücken. Er gehört zum Standardrepertoire aller Unterweltssagen als ein Pfortenbewacher, mit dem nicht zu spaßen ist: »Sein von Verwesung triefendes Haupt bedecken Schlangen, von Vipern starren die Mähnen und zum Schwanz geringelt zischt ein langer Drache« (Seneca, Hercules furens 785 ff.).

Kein Wunder also, dass er zur Chiffre für einen unbeugsamen Wächter wird, der sich durch nichts und niemanden erweichen lässt. Der Zerberus – das ist einer, an dem man nicht vorbeikommt, egal ob er als Türsteher einer Disco oder als Vorzimmer-Drachen daher kommt, als Software für ein sicheres Netzwerk (*Cerberus FTP Server*) oder als Namensgeber von Security-Unternehmen. Gleichwohl, bei einem nicht ganz unwesentlichen Aspekt liegen all diese Rezeptionen ein bisschen daneben: Die Hauptaufgabe des mythologischen Zerberus bestand darin, niemanden aus der Unterwelt *heraus*zulassen, der wichtigste Job der modernen Zerberi dagegen ist es, niemanden *hinein*zulassen.

Einen Kompromiss bietet da möglicherweise eine der weltweit größten Investmentgesellschaften an, die sich *Cerberus Capital Investment* nennt. Sie bewacht, das ist die ursprüngliche Idee, das angelegte Kapital wie der antike Höllenhund. Im Zuge der weltweiten Finanzkrise passt der moderne Zerberus aber möglicherweise auch darauf auf, dass so schnell niemand aus dem gut gehüteten Investment herauskommt …

Zynisch

Man mag über sie denken, wie man will, aber *das* haben die Kyniker nicht verdient: Dass sie zu Namenspatronen des *Zynismus* geworden sind. Die von Antisthenes (5./4. Jh. v. Chr.) in Athen begründete und vor allem durch Diogenes von Sinope (4. Jh. v. Chr.) bekannt gewordene philosophische Richtung des Kynismus hatte die äußerste Bedürfnislosigkeit auf ihre Fahnen geschrieben. Indem sich der Mensch falschen Werten wie Wohlstand und gesellschaftlichen Normen beugt, macht er sich abhängig und verliert seine Freiheit. Die *autárkeia* aber, ›Unabhängigkeit‹, ist in der kynischen Ethik das höchste Gut. Mit seiner asketischen Lebensweise überwindet der Kyniker die »Knechtschaft« der Fremdbestimmung.

Zur kynischen Freiheit gehört auch die Redefreiheit. Der Kyniker nennt die Dinge beim Namen, er scheut sich in Wort und Tat nicht vor der Provokation. Im Gegenteil, vielfach ist die Provokation kynische Methode, um den Bürger oder »Spießbürger« zum Nachdenken und Überdenken seiner unreflektierten Positionen zu veranlassen. Kyniker sind Zivilisationsskeptiker; sie lehnen die bürgerliche Moral mit ihren Ge- und Verboten ab, weil auch sie das Individuum in seiner Freiheit einengen. Essen, sexuelle Handlungen gar in der Öffentlichkeit waren in der griechischen Gesellschaft tabu. Die Kyniker setzten sich schamlos darüber hinweg – und erhoben die Schamlosigkeit an sich zu einem Wert. Das brachte ihnen den Spitznamen »Kyniker« ein: Sie benähmen sich so schamlos wie Hunde (*kýnes*), kritisierten ihre Gegner – und die Anhänger der kynischen Weltsicht nahmen den Spottnamen bereitwillig an.

Die Radikalität ihres philosophischen Programms, mehr aber noch das Auftreten vieler Kyniker als Bürgerschreck und Herausforderer des Establishments machten sie ein bisschen zu Schmuddelkindern der Weisheitswissenschaft – und auch die Tatsache, dass sie der »philosophischen« Tat mehr vertrauten als der philosophischen Theorie.

Französische Denker des 17. Jh.s verwendeten das Adjektiv *cynique* als Synonym für ›unkonventionell‹ und ›Normen missachtend‹. Das war nicht nur beschreibend, sondern abwertend gemeint und entwickelte in vielen Sprachen im Laufe der nächsten Jahrhunderte eine Eigendynamik mit immer negativerer Bedeutung. Heute verwenden wir *zynisch* häufig gleichbedeutend mit ›gefühllos‹, ja ›menschenverachtend‹, weil allgemein respektierte Werte wie Würde, Mitmenschlichkeit und Rücksichtnahme mit grausamem spöttischem Humor, mitleidloser Bissigkeit oder schlicht kalter Berechnung missachtet werden. Gewiss, Radikale, Provokateure und Normverletzer waren sie, die antiken Kyniker, aber in ihrer tiefsten Überzeugung Menschenfreunde – und eben keine Zyniker.

Anhang

Register der unter anderen Einträgen behandelten Wörter

Zum Autor

Karl-Wilhelm Weeber, Klassischer Philologe und Althistoriker, ist Honorarprofessor für Alte Geschichte an der Universität Wuppertal und einem breiten Publikum durch zahlreiche Publikationen zur antiken Kulturgeschichte bekannt. Darüber hinaus ist er durch Übersetzungen griechischer und römischer Literatur sowie durch die Herausgabe einschlägiger Anthologien (z. B. *Humor in der Antike*) als Vermittler zwischen Altertum und Gegenwart tätig.